Pierluigi Marengo

PIEMONTE

Tavola e Cantina

Dalla Cultura del Gusto al Gusto quale Cultura

*Storia, leggende e aneddoti
sul buon mangiare e sul buon bere piemontese*

Editing di prima edizione
Mel Menzio
Studio e progetto grafico di prima edizione
Enrico Bonfigli

Seconda edizione a cura dell'autore
*Foto di copertina tratta dal sito
Agriturismo Adriano di Roddino (Cn)*

2022
Copyright Pierluigi Marengo

PREMESSE

Per precisa scelta, pur non essendo questa una condizione oggettiva o universalmente condivisa, non ho ricompreso nella Tradizione gastronomica piemontese quei piatti la cui origine è successiva all'inizio '900 (un secolo), così come non ho volutamente inserito piatti che, pur essendo da oltre un secolo propri del mangiare nella nostra regione, derivano però da tradizioni di territori diversi, nei loro ingredienti o nei metodi di cottura.

Ovviamente, questo mio estremo rigore nella catalogazione e indicazione dei piatti e dei riti della nostra cucina, mi ha portato ad escludere molti eccellenti preparati, che pure sono ritenuti, a livello nazionale, tipicità della tavola piemontese. Volendo però disquisire di Tradizione, dei limiti occorreva porli e questi son quelli che ho fatto miei nello sviluppare questo lavoro.

Per completezza, seppur sommaria, sulla storia della nostra cucina, ho comunque dedicato un capitolo a quelli che ho definito "nuovi piatti", ossia piatti risalenti a meno di 100 anni addietro, o, pur presenti sulla nostra tavola da tempo immemore, che han radici in culture gastronomiche di altri territori.

Tornando al concettuale che si lega ai detti "nuovi piatti", ci tengo poi a evidenziare come la cucina sia, e debba essere, un'arte dinamica, ma, al tempo stesso, conservativa, pur nel suo evolversi, della filosofia di base del mangiare del territorio, tanto nell'utilizzo delle materie prime che nelle tecniche di cottura.

Ragion per cui non si potranno mai ascrivere alla tavola piemontese piatti preparato con alimenti estranei alla produzione agricola regionale, quale l'utilizzo di pasta di grano duro, oppure del pesce di mare, fatta salva l'acciuga sotto sale.

Altrettanto non potranno mai essere catalogati come espressione della tipicità gastronomica quei preparati non improntati alla ricerca del miglior sapore, ma che si ispirano alla volontà di "velocizzare l'esecuzione" o "togliere calorie". La cucina non è una linea di montaggio frenetica ove la velocità (e il diminuire il lavoro) è elemento positivo o creativo, così come non è una ambulatorio medico.

I cuochi (che brutto l'abusato termine chef…) che si attengono ed atterranno al rigore nell'utilizzo delle materie prime che sono la base della cultura e della Tradizione agricola piemontese, ed opereranno usando le storiche tecniche di lavorazione del prodotto, quand'anche modernizzate purché nel rispetto dei loro principi fondanti, ben potranno creare nuovi piatti che, con il tempo e la diffusione, andranno ad ascriversi alla Tradizione piemontese. La loro visione dinamica così concepita della cucina, rispetto ad un rigido conservatorismo su quanto i secoli passati ci hanno trasmesso, sarà non solo accettabile, ma, anzi, opportuna e necessaria per dare sempre più ricchezza alla tavola e piacere al palato.

Il legare tra loro sapori diversi del Piemonte, per crearne di nuovi, è l'essenza stessa del "fare cucina", purché i sapori che si vanno a legare tra loro, in una ricerca di dinamismo culinario, siano sapori autenticamente propri della gastronomia piemontese.

E se queste poche righe possono apparire un diktat o, quanto meno, un messaggio forte indirizzato ai cuochi di ristoranti, così però non è. Se mi rivolgo primariamente a chi fa cucina e ricerca gastronomia per professione, e solo perché ritengo sia oggi la via più consona per far sì che, dall'apicale, il messaggio scenda poi nelle cucine di casa. Un tempo era certamente diverso, ma oggi non è più la massaia di campagna, quella che viveva quasi in simbiosi con orto e stufa, la depositaria del gusto antico, lo sono i moderni cuochi, con le cucine di casa che han smarrito il loro essere primario locus di riferimento gastronomico, divenendo, troppo spesso, solo area per alimentarsi e non certo per gustare.

Un locus casalingo, salvo rare eccezioni, destinato all'alimentazione da sopravvivenza e non alla ricerca del piacere del palato ed ove, troppo spesso, le linee guida non vengono date da chi fa cucina per professione o, quanto meno, da chi cerca di far cucina con passione e competenza, ma dal medico, dal nutrizionista, dallo stregone della salute… il principio ispiratore è sempre più il *"viver da malati per morire sani"* realizzato attraverso il ripudio del buono e l'ostracismo verso il piacere, perché *"fa male"*.

Sarebbe ovviamente un discorso troppo lungo e poco attinente a questo lavoro, l'entrare nel merito del business salutistico, attraverso cui alimentano i loro conti correnti frotte di medici, industrie del farmaco e industrie alimentari, ma un breve accenno voglio comunque farlo, quanto meno in difesa di quella "cultura del burro", propria del nostro Piemonte, da anni ed anni bistrattata e sistematicamente colpevolizzata, nonché impunemente resa vittima sacrificale sull'altare dell'italica cucina meridionalistica dell'olio.

Una brutalizzazione della cultura del burro che data dalla forte migrazione dal Sud degli anni '50 e '60, con i decenni successivi caratterizzati da un graduale abbandono delle cotture in burro a favore di quelle, certamente meno gustose, in olio. Un olio dall'aroma indiscutibilmente piacevole per il palato e con un profumo che dà letizia alle narici, che però non vanta le qualità organolettiche del burro. Del burro non ha la delicatezza ed intensità di sapore che rende i piatti vere sinfonie di gusto. Del burro non ha quell'armonia che rende eccezionali al palato il salato ed il dolce, dal salame alla marmellata. L'olio è perfetto in simbiosi con i vegetali, grasso vegetale su vegetali; il burro è perfetto in simbiosi con le carni e l'uovo, grasso animale su alimenti di origine animale.

L'olio è un alimento tendenzialmente neutro in cui cucinare; il burro è un alimento che, in cottura, trasforma sapori iniziali in ben più piacevoli nuovi sapori finali.

Piaceri del palato che risultano però oggi menomati, per colpa della cottura nell'olio di alimenti che vanno rigorosamente cucinati nel burro. Persino piemontesi doc, che ben rammentano quanto migliore fosse il sapore del cotto nel burro, oggi, ahimè, si lasciano andare alla cultura meridionalistica dell'olio.

E lo fanno non per convinzione gastronomica, ma perché è ormai divenuto un mantra il ripetere sin alla noia che "il burro fa male per il colesterolo, mentre l'olio no", condizionati su ciò da un certo mondo sanitario che mai ha saputo darmi una pregnante risposta a due semplici domante: "come mai i francesi, pur consumando tradizionalmente cibi molto ricchi di grassi, non presentano un'alta frequenza di malattie cardiovascolari?", e ancora: "se i grassi animali son dannosi per il colesterolo, perché l'Emilia Romagna, regione italiana con il maggiore consumo di grassi animali, ha il minor problema di colesterolo nazionale, mentre il colesterolo stesso è ai massimi livelli di rischio nelle regioni del Sud, ove si usa solo l'olio e la dieta carnivora si fonda sul pesce?".

Risposta che mai viene data dal mondo medico sostenitore della cultura dell'olio... e proprio questo silenzio degli Organismi Sanitari Italiani su ciò, mi porta a pensare che in Italia, essendo economicamente e politicamente significativa la produzione di olio, mentre è di scarso rilievo monetario quella del burro, si tenda a favorire la cultura dell'olio, foriera di rilevanti profitti a favore della grande industria ed espressione dalla super finanziata agricoltura del Meridione d'Italia, a scapito della cultura piemontese del burro. E' forse un pensare male, ma, a pensare male, si dice che "spesso si azzecca"... Sicuramente il mio è un ragionar puro empirico di chi non è né medico e né nutrizionista, ma solo un libero pensatore, ma vi è invece chi, da scienziato, ha dato una precisa risposta alla mia domanda riferita alla Francia ed è stata una risposta diametralmente opposta al comune pensare italiano, circa i benefici dell'olio ed i malefici del grasso animale, tanto da esser stato definito, dai molti studiosi italiani, *il Paradosso Francese*. Una domanda la cui sensatezza è peraltro stata confermata dal rapporto 2012 della *European Cardiovascular Disease Statistics*.

La scienza ha infatti accertato che la non significativa frequenza di malattie cardiovascolari tra la popolazione francese, ha la propria ratio nel formaggio e non, come magari pensa qualche italico nutrizionista, nella mitologica magica pozione di Panoramix, il mago amico di Asterix…

Il segreto nascosto nel *Paradosso Francese*, risiede infatti nel consumo di formaggio, quel formaggio da noi ritenuto foriero di colesterolo ed ogni altro malessere, ma che è invece stato rilevato, ai massimi livelli della ricerca scientifica ("*Metabolomics Investigation To Shed Light on Cheese as a Possible Piece in the French Paradox Puzzle*", pubblicata dal *Journal of agricultural and food chemistry*), quale primaria ragione della ridotta insorgenza di patologie cardiocircolatorie nei francesi.

Lo studio citato, ha infatti posto nel metabolismo del formaggio, un alimento molto presente nella dieta transalpina, la ragione di una bassa crescita di colesterolo e trigliceridi. Più in particolare, la ricerca, svolta da Hong Zheng, Christian Clement Yde, Morten Rahr Clausen e Hanne C. Bertram del Dipartimento di Scienza dell'alimentazione dell'Università danese di Aarhus e da Mette Kristensen, Janne Lorenzen e Arne Astrup dell'Università di Copenaghen, ha provato, attraverso l'analisi delle urine e dei campioni fecali dei soggetti studiati, come il mangiare formaggio riduca la produzione di colina e il cosiddetto "TMAO" (la N-Ossido della trimetilammina), un metabolita la cui presenza in alte concentrazioni è associata alle patologie cardiache.

Inoltre, ed è questa la "pregnante scoperta", il consumo di formaggio fa aumentare la produzione di butirrati (metaboliti prodotti dai batteri intestinali), solitamente collegati a una sensibile riduzione del colesterolo.

In sintesi, uno studio scientifico di altissima caratura che ci ha detto che non solo il formaggio non determina crescita del colesterolo, ma, addirittura, lo combatte, così contraddicendo in toto l'italico pensiero quanto ad alimentazione salutista...

E per i francesi il formaggio non è la mozzarella o il primo sale o la ricottina magra… ma sono Bleus e Bries, Bouton e Camemberts, Carrés e Etorki, Fourmes e Galets, Moulis e Oléron, Pélardon e Rogerets, Vacherins... e mille altre meraviglie bovine, caprine, ovine.

Inutile aggiungere altro, pur nella convinzione che sia comunque impossibile vincere la battagli contro gli interessi economici che si legano al salutismo... però qualcuno, leggendo ciò, magari sarà stimolato a pensare con la propria testa, rifuggendo dai messaggi preconfezionati di un sistema interessato al suo portafoglio e non certo al suo palato.

Ea allora… rifacciamoci all'antica saggezza popolare del "A vive 'n campagna la sanità a i guadagna" e mangiamo ciò che ci piace e non ciò che ci obbligano a ingurgitare.

IL CUOCO
PIEMONTESE
PERFEZIONATO A PARIGI

Che insegna con facil metodo a cucinare
qualunque sorta di vivande, sì in grasso,
che in magro, di nuovo gusto: ed avvisi
sopra la bontà, e scelta d'ogni cosa
appartenente alla Cucina ; proseguito dal Pasticciere ,
e Confetturiere.

*Coi doveri del Mastro di Casa , le minute per
le quattro Stagioni ; la spiegazione di varj
utensili necessarj a tal'arte, e la maniera
di trinciare pulitamente le carni.*

Parte I — **La Tavola**

IN TORINO. 1775.

Appresso BELTRAMO ANTONIO RE Librajo
sotto i portici del Palazzo della Città.

LA CUCINA DEL PIEMONTE NEI SECOLI

LE RADICI DEL GUSTO PIEMONTESE

La cucina piemontese è tra le più variegate e raffinate d'Italia e tale varietà e raffinatezza le deriva sia dai continui e storici rapporti del Piemonte con la vicina Francia, paese riconosciuto ovunque per la complessa elaborazione e ricchezza della sua gastronomia, che dalla sobrietà tipicamente piemontese, che l'ha portato a conservare le antiche tradizioni strettamente legate ai prodotti locali e alla cultura contadina del mangiare, rifugendo sempre le influenze legate a mode che corrompono le Tradizione.

I menù della gastronomia piemontese sono inoltre ricchi e articolati per le diversità morfologiche delle aree geografiche regionali, che vanno dalla montagna alla collina e alla pianura.

Tutti i gusti e le esigenze della tavola possono essere in Piemonte soddisfatti con prodotti tipici della regione: dagli aperitivi agli svariatissimi antipasti, dai sostanziosi e gustosi primi e secondi, arricchiti da vari contorni ed accompagnati dai famosi grissini Torinesi (*Les petites baton de Turin*, di cui era ghiotto Napoleone), ai saporiti formaggi. Il tutto seguito da dolci di fantasiosa pasticceria, dal famosissimo Bonèt allo Zabajone, magari abbinato alla pregiatissima nocciola piemontese lavorata in diverse forme, oppure dal più famoso dei cioccolatini: il Giandujotto.

Caratteristiche distintive di questa cucina sono fondamentalmente l'impiego notevole del burro, sia in cottura che come abbinamento freddo, il consumo di verdure crude, l'uso del bovino di razza Fassone, il largo uso del vino nelle cotture, la pasta fatta con farine delicate e uovo, la varietà dei formaggi, l'uso attento dell'aglio, che si sublima nella caratteristica Bagna Cauda, la ricerca di un amalgama di sapori capace di dar vita a un intenso nuovo sapore, diverso da quelli che di origine, la meticolosità della predisposizione dei piatti e la valorizzazione dei profumi accanto ai gusti.

Nel Medioevo, i monaci benedettini e cistercensi bonificarono la palude della piana del Po e il Piemonte si arricchì anche del riso, che conquistò quella nuova fertile terra.

Le colline e le montagne, già ricche di coltivazioni di ortaggi e frutta, videro il diffondersi dell'allevamento di maiali e bovini, accanto ai tradizionali ovini, caprini e pollame.

Gli stessi monaci bonificanti le paludi, ebbero un importante ruolo sia nel conservare che nel tramandare le tradizioni dei tempi antichissimi.

I secoli che vanno dalla caduta dell'Impero Romano al 1600, videro in Piemonte un sistema feudale molto chiuso e ciò fu una fortuna per il gusto piemontese: nessuna infiltrazione di culture diverse, nessuna alterazione della Tradizione e delle storiche tecniche di cucina.

Ma non basta; proprio questo sistema chiuso fu la ragione dello svilupparsi di una serie di cucine abbastanza diverse tra loro nei vari ambiti territoriali, dalla Langa al Canavese, dal Monferrato al Vercellese, dalla Montagna Torinese alla pianura Novarese.

Questo fenomeno, proseguito nei secoli successivi e giunto sino ad oggi, ha quindi portato il Piemonte ad accrescere enormemente la varietà dei propri sapori gastronomici, rendendolo, di fatto, una sorta di federazione di cucine locali.

Pur conservando la sua autenticità e continuando a valorizzare sempre i suoi prodotti agricoli, nel 1700 la cucina piemontese si confrontò, arricchendosi ulteriormente, con quella della confinante Francia. Ne è testimonianza il trattato settecentesco di anonimo intitolato "*Il cuoco piemontese perfezionato a Parigi*", che raccoglie molte ricette relative alle zuppe e alle minestre; alla maniera di trinciare le carni; al modo di cucinare carni di bue, vitello, maiale, montone, agnello, pollame, selvaggina, a cui seguono erbaggi, legumi e uova; l'uso del latte e suoi derivati; l'uso delle spezie, i dolci, le salse, frutta, bevande, marmellate e sciroppi.

Un trattato esaustivo che ben riflette la situazione culinaria piemontese, di altissimo profilo qualitativo e quantitativo già all'epoca.

D'altra parte, come scrive nel 1854 il Vialardi nel suo famosissimo "ricettario", "*Fu quindi l'Italia ove diedesi principio alla buona cucina; ma avendola trasmessa ai francesi, costoro superarono ben presto i loro maestri, perché venne tale arte coltivata in Francia, mentre decaddero in Italia le scuole della buona gastronomia e della magnificenza dei banchetti italiani che ebbero luogo sul finir del secolo XV*".

Ebbene il Piemonte fu l'unica regione italiana che, per il suo ruolo culturale e geografico di cerniera tra Italia e Francia, potè essere protagonista sia della precedente Tradizione di "buona gastronomia" italiana che della nuova scuola dei francesi "che superarono ben presto i loro maestri", unendo l'una all'altra in un incomparabile risultato finale. Il 1800, per la grande dinamicità acquisita da Casa Savoia in questo secolo, ma anche per i notevoli rapporti commerciali che furono propri di quest'epoca, fu il tempo della grande trasformazione gastronomica piemontese, soprattutto per quanto attiene la lavorazione e la presentazione del piatto, più che sul portato base del medesimo.

Sotto Carlo Alberto, notoriamente debole di stomaco, la cucina di Corte smorzò la sua "ruvidità" e "robustezza", puntando più su sapori delicati ed alimenti a più facile digeribilità, anche se, ed è giusto ricordarlo, con Vittorio Emanuele II, notissimo buongustaio e gaudente, molti di quei robusti sapori tornarono in auge, ma non più come sapori unici. Divennero due facce di una stessa cucina.

Fatto sta, comunque, che in questo secolo si osserva un lento, ma progressivo, adattamento della cucina rustica e corposa contadina ai più raffinati palati della nuova e ricca borghesia, nonché della nobiltà, con l'arrivo di molti nuovi piatti, spesso ben più consoni a palati delicati che ai rudi palati di campagna.

Interessante è, sul punto, il già citato ricettario ottocentesco dei Vialardi, che riporta ben 5 ricette per il brodo (facendolo così entrare a pieno titolo nella Tradizione Piemontese) ed introduce, tra le salse piemontesi, la delicata bèchamelle francese.

Sempre da quell'autore, cuoco e pasticcere di Casa Reale, scopriamo poi un intero capitolo dedicato alle "guarniture", i nostrani contorni, con ben 14 ricette e due capitoli sulle frittura, di cui uno denominato "fritture grasse" ed uno "fritture magre", con 19 ricette per frittate non grasse, quali quella di lamprede, di lumache, di tinchette e barbi, di rane, di patate, di funghi, tra cui 3 indicate come "frittate per digiuno". Sempre nel 1800, in grande auge furono i volatili ed i pesci di acqua dolce.

Nel citato ricettario, non mancano infatti due capitoli sui volatili, di cui uno sulla "*Selvaggina a penne*" ed uno sulla "*Volaglia*", ove si ricetta la cottura di beccacce, fagiani, pernici, quaglie, tordi, piccioni, oche, anitre, ecc., tendenzialmente arrosto o in tegame con la tecnica della cottura a base di vino ed aromi, previa macerazione. Ma ciò che forse fu elemento innovativo principe della cucina del 1800 è dato dal pesce d'acqua dolce; quello di mare mai ha trovato spazio sulla tavola del Piemonte ed, ancora alla fine del 1900, non erano rari gli anziani piemontesi che rifiutavano il pesce di mare, ritenendo lo mal'odoroso e senza gusto.

I pesci della Tradizione piemontese sono la trota, la tinca, il luccio, l'anguilla e, solitamente, si ascrivono alla categoria pesci anche le rane. Su rane e lumache occorre poi porre un particolare accento, giacché, nei secoli, sono sempre state alimenti con cui realizzare gustosi secondi piatti, in particolare in umido le lumache e fritte con prezzemolo le rane.

Dal 1800 al 1900 il passaggio è invece stato abbastanza indolore.

Poco nel secolo scorso è cambiato della Tradizione culinaria piemontese. Ben si può dire che il 1900 ha riprodotto quanto l'arte gastronomica del secolo precedente aveva raffinato o rielaborato, partendo da antichi piatti risalenti alla notte dei tempi.

Di mutato ci furono solo le tecniche di conservazione e cottura che però, ahimè, hanno in parte leso quei grandi sapori: la stufa sostituita dalla cucina a gas, il forno a fuoco dal forno elettrico, la freschezza dell'appena raccolto o dell'appena cucinato dal freezer, oltre ai danni colossali per la salute e per il piacere del cibo dato dalla dilagante presenza industriale nell'alimentare... ma questo è danno comune a tutte le regioni.

In conclusione, si può dire che è difficile identificare un piatto o un gusto come simbolo della cucina piemontese, vista l'immensa varietà di gusti che propone e che vanno dai massimi primi (zuppe e pasta) che l'Italia conosca, alla supremazia assoluta nelle carni.

Nella cultura enogastronomica piemontese un pasto è caratterizzato dai molti sapori, diversi tra loro, che si devono assaporare attraverso tante piccole portate, capaci, nell'insieme, di creare un'alternanza continua di piaceri del palato. In Piemonte nel pasto non c'è mai il gusto principale, un pasto è la sinfonia armonica di tanti sapori, tutti principali, come lo sono le singole note di un concerto.

Oggi il Piemonte è divenuto, con il Vercellese, la "Capitale del Riso", come lo è con la Langa dell'Agnolotto e della Tagliatella, del Tartufo e del Torrone, o come lo è con il Torinese del Grissino e del Cioccolato, o come lo è con l'arco alpino del Formaggio e della Patata, o come lo è con Carmagnola del Peperone... non basterebbero dieci pagine per riportare prodotti e piatti di cui zone del Piemonte sono Capitale indiscussa in Italia e nel mondo.

Non è un caso che il più prestigioso Salone Mondiale del Gusto si tenga a Torino o che in Piemonte, a Pollenzo (Cuneo), sia sorta l'Università di Scienze Gastronomiche, capace di attirare studenti da tutti il pianeta. E se ciò è avvenuto è perché in Piemonte da anni si è consolidata la convinzione che la cucina debba essere frutto di stagione, che rifugge quei sistemi di coltivazione, di conservazione e di trasporto che modificano l'alternarsi delle stagioni ben più di quanto fanno il presunto buco dell'ozono o il calore ed i fumi maledetti delle città e delle fabbriche.

In Piemonte è ormai opinione diffusa che la cucina povera di ieri, che altro non era che il mangiare ricco della povera gente, oggi non debba solo essere lusso di pochi e privilegio di chi "conosce il posto giusto" o di chi può permettersela. In Piemonte si vuole, sia a livello privato che pubblico, portare questa immensa ricchezza secolare a tutti, dando a tutti la possibilità di vivere secondo natura ed assaporare, secondo stagione e Tradizione, il vero gusto di una cucina nata nell'antichità e raffinatasi, senza alterarsi, nei secoli.

Su questa filosofia si muovono, anche grazie alle tante scuole gastronomiche del territorio, molti cuochi piemontesi che, seppur estremamente innovativi nell'amalgamare ed unire gusti e sapori o costruire piatti, si diversificano però da loro colleghi di altre regioni per la grande capacita di mantenere la loro opera ancorata alle antiche tecniche di lavorazione della materia prima e al rigore verso la produzione agricola locale.

Ovviamente le loro nuove proposte culinarie non possono ancora ascriversi alla Tradizione Piemontese, ma lo saranno certamente tra qualche decennio.

IL RITO DEGLI ANTIPASTI

ANTICHI PIATTI PER UN RITUALE DATATO 1800

Gli antipasti, per chi conosce solo genericamente la cultura culinaria piemontese, sono oggi il carattere identificativo del "mangiare alla piemontese; il rito che, più di ogni altro, la diversifica, nell'immaginario collettivo, da tutte le altre cucine italiane ed estere.

Il servizio di antipasti in Piemonte non ha eguali per numero e per varietà di sapori, anche se tale pratica non può certo dirsi antica, giacché sorge solo a metà del 1800, prima come prassi dei pasti di Corte, poi come diffusa pratica di cucina, tanto tra i ricchi che tra i poveri.

Se non è antica abitudine aprire i pasti con le tante piccole portate di antipasti, è però vero che queste piccole portate sono invece antichissime: prima di essere catalogate come antipasti, erano infatti secondi piatti o piatti da "merenda ", spesso preparati con gli avanzi dei giorni precedenti.

Dal 1800, comunque, ciò che per il Piemonte è solo l'elenco degli antipasti, ben può essere il menù completo di un grane banchetto in ogni altra zona d'Italia...

Nelle "mangiate" del cortile della cascina o delle storiche trattorie di campagna, non mancano mai, infatti, almeno sei e più portate di antipasto, per poi passare ai primi, ai secondi, al formaggio e ai dolci.

Un classico d'inizio pasto è il piatto di salumi; si va dal salame cotto al cotechino caldo, dal salame crudo al lardo, per proseguire con la lingua lessata e servita con il famosissimo Bagnèt Verd; seguono il Vitel Tonnè, i peperoni arrostiti nel forno o sotto aceto e coperti da Bagna Cauda, l'insalata di carne cruda tipica nelle Langhe, magari arricchita in autunno dal prezioso tartufo bianco.

Non mancano poi i "pasticci" di verdure e carne o i budini di verdura di stagione, arricchiti con salse calde di formaggio, tra cui la fonduta. Poi ci sono i piatti in gelatina a base di pollo, prosciutto o maiale.

L'estate è il trionfo dei carpioni: verdure, carni e pesci di acqua dolce fritti e macerati nell'aceto aromatizzato con cipolle e gusti vegetali vari, consumati rigorosamente freddi.

Poi i tomini elettrici ed i tomini al Bagnèt Verd, le uova ed i pomodori ripieni in giallo o in verde, oppure il gusto forte delle acciughe al verde e delle "uova ciucche" (euv ciòch) macerate nell'aceto.

Anche le famiglie più povere, in Piemonte, non rinunciano agli antipasti ... sarebbe un rinunciare ad un grande piacere del vivere.

Ho ovviamente selezionato, in questo infinito panorama, solo alcuni tra i più famosi ed antichi antipasti del Piemonte, perché sarebbe stato impossibile proporli tutti, anche se, per gusto, storia e sapori, tutti avrebbero meritato una citazione.

ALCUNE PORTATE PER INIZIARE

CAPONÉT: *piatto tipico delle Langhe per i banchetti importanti. Si prepara riempiendo i fiori di zucca con un misto di carne trita di bovino, salsiccia di suino, uova, prezzemolo e aglio ed, indi, saltando il tutto nel burro.*
Nelle stagioni in cui non vi erano i fiori di zucca, questi venivano sostituiti con la "retina" del maiale. Piatto similare risulta anche proprio della Tradizione Vercellese e Monferrina, dove veniva preparato utilizzando la foglia del cavolo al posto del fiore di zucca.

CARDATA: *è un pasticcio di cardi e Bagna Cauda, piatto tipico della merenda sinoira o del giorno dopo la "Bagna Cauda". Ancor più buona se mangiata dopo un giorno o due dalla sua preparazione, com'era uso nelle cascine di un tempo.*

CARPIONE: *è il trionfo del mangiare estivo. Piatto freddo che nei secoli passati non mancava mai in cascina o in città, è composto da varie tipologie di carni (bistecchina di vitello, bistecca di pollo, trota, carpa, tinca, piccole polpettine di carne di vitello tritata, anguilla) e verdure (zucchine e cipolle), impanate e fritte e quindi messe a macerare, per non meno di 3 o 4 giorni, in aceto aromatizzato con svariati sapori vegetali.*
Sempre al carpione è ispirato il tradizionale "euv ciòch", uova "all'occhio di bue" fritte e macerate in aceto aromatizzato. Antica (e ottima) abitudine, era utilizzare l'aceto per più preparazioni di carpione.
Sulle origini del nome "carpione" vi son due diverse scuole di pensiero. Per taluni deriverebbe dal nome di una sottospecie di trota (salmo trutta carpio) di color bianco argenteo picchiettato di rosso, molto apprezzata dagli antichi romani che la lavoravano con l'aceto, per altri dal pesce "carpa" (pesce di scarsa qualità, molto grasso, con habitat nel fondo fangoso degli stagni), che veniva utilizzato, nella cucina povera di campagna, lavorandolo con l'aceto per sgrassarlo.

COTECHINO: *è l'insaccato più antico, risalente a ben prima dell'anno 1000. Robusto e gustoso, era un tempo un necessario completamento del "Bollito Misto", ma da alcuni decenni è divenuto anche la portata principale degli antipasti caldi.*

Pochi sanno che il cotechino è il padre dello "zampone emiliano", giacché l'insaccatura del trito di carni suine nella pelle stessa del maiale (lo zampone) risale al 1511 ed è una variante al già esistente cotechino, insaccato in budello suino.

Un tempo lo si gustava con il purè di patate, ma, trasformato in antipasto, si è privilegiato l'accompagnarlo con la fonduta.

FLAN DI ORTAGGI: *una presenza costante in cucina per ogni stagione, è una sorta di budino preparato con i frutti dell'orto che varia stagione per stagione. Storici e tradizionale, quelli di porro e cardi, ma anche quelli di lovertin, asparagi, peperone.*

Un modo raffinato di far cucina con quanto l'orto produce. Non è raro condirli con fondutine di formaggio.

FRITTATE PIEMONTESI: *la frittata, piatto insostituibile della merenda sinoira, è presente nella gastronomia piemontese da tempi antichissimi, al pari di altre regioni italiane, stante le sue origini nella cultura etrusca.*

Tra le più tradizionalmente pedemontane troviamo:

Rognosa: *la più piemontese delle frittate, era la frittata per eccellenza delle merende sinoire; ingredienti sono la salsiccia di suino o la pasta di salame e un formaggio stagionato grattugiato;*

Di Ortiche: *antichisisma frittata di Langa, viene preparata con le piccole ortiche primaverili;*

Di Erba di San Pietro: *tipica frittata estiva dal gusto intenso dell'erba di San Pietro;*

Di Lovertin: *frittata primaverile preparata con i germogli e le cime di luppolo, dal sapore delicatissimo;*

Di Funghi: *frittata autunnale che in cascina si preparava con i funghi meno pregiati (gallinacci, porcinelli dei pini, famigliole) e nelle case nobiliari con il porcino o l'ovulo reale ("cocòne").*

INSALATA DI CARNE CRUDA: *è uno storico piatto Langarolo, anche se di probabile origine francese, denominato spesso "Insalata di Carne Cruda all'Albese".*

Si prepara tritando la carne della coscia di giovani vitelle Fassone piemontesi (l'ideale è di età ricompresa tra i 12 ed i 14 mesi) e condendola con olio e sale, il tutto insaporito con un leggero aroma d'aglio. La Tradizione la vorrebbe "battuta a coltello" e non tritata, ma la normativa che ha vietato l'uso dei ceppi di legno, a favore del teflon, per la lavorazione della carne, ha reso, per taluno, preferibile la tritatura.

Dagli anni' 80 si è inspiegabilmente diffuso il sostituire la carne battuta o tritata con delle fettine di vitello tagliate molto sottili, condite con olio, sale, limone e scaglie di parmigiano, chiamandola "Carne cruda all'Albese". Nulla di più falso ed inesistente; non si ha notizia precedente agli anni 70 del secolo scorso circa tale modo di preparare la carne cruda nell'albese.

INSALATA RUSSA: *un piatto che rappresenta il vero trionfo dell'orto di Piemonte, preparato con svariate verdure bollite sminuzzate (e non tagliate a dadi come è purtroppo facile trovarla oggi!) e pochi ma indispensabili pezzi di giardiniera; il tutto impastato e ricoperto con un'ottima maionese.*

Un piatto a base di verdure della pura Tradizione Piemontese che deve il suo nome non già alla Russia, ma alla barbabietola rossa, oggi usata raramente, ma che un tempo era indispensabile per la sua preparazione.

Ebbene, la Barbabietola colorava di rosso l'impasto, da cui l'originario nome dialettale "Salada Rusa", ove il termine "rusa" indicava il colore "rosso" del preparato e non certo l' errata traduzione italiana in "russa".

SUBRIC: *crocchette di carne miscelata a verdure sminuzzate ed erbe aromatiche, uova, formaggio stagionato grattugiato e spezie, il tutto legato con una sorta di besciamella ed, indi, fritto in burro. Piatto tipico della merenda sinoira.*

TARTRÀ: *è una sorta di budino a base di latte, uova, robiola secca grattugiata, insaporito con noce moscata. Veniva preparato, nel Cuneese e nell' Astigiano, per i banchetti principali.*

TONNO DI CONIGLIO: *antichissima lavorazione contadina del coniglio da consumarsi freddo, in estate. Si prepara macerando per qualche giorno carne disossata di coniglio in olio, salvia e aglio.*
Il nome "tonno" deriva dalla consistenza del coniglio così trattato, per l'appunto simile al tonno, alimento sino al 1800 rarissimo e comunque noto solo alle tavole nobiliari.

VITEL TONNÈ (*VITELLO TONNATO*): *sicuramente il principe degli antipasti freddi e simbolo della cucina piemontese su cui occorre però puntualizzare che il "tonno" non c'entra nulla.*
Il nome tonnato, infatti, deriva dal francese "tonnè", che significa "conciato" e non "fatto con il tonno", e il suo vero nome, non a caso, è "Vitel Tonnè", poi grossolanamente tradotto nell'italiano "Vitello Tonnato". E proprio nella conciatura della carne vi è il segreto di questo meraviglioso piatto, che si prepara con il "girello" o con la "rotonda" del vitello Fassone piemontese,

macerato 12 ore in acqua, aceto, cipolla e spezie. La carne così macerata viene quindi leggermente brasata nel burro, a cui si uniscono le acciughe e l'uovo. Una volta fredda, la si taglia a fette sottili e la si ricopre con la sua salsa di cottura. Questo è l'autentico vitello tonnato a cui, dall'inizio del '900, si è unito quello servito con una salsa a base di maionese e acciughe.

Il Vitello Tonnato oggi proposto risulta invece preparato con carne bollita, quindi senza macerazione e brasatura, ricoperta di una salsa a base di maionese e tonno. Un vero falso storico rispetto al tradizionale Vite Tonnè piemontese, pur riconoscendo che, se viene utilizzato il bovino Fassone piemontese, è comunque un ottimo piatto e, come tale, ben accetto sul tavolo; gli si cambi però il nome!

I SALUMI

Storia di Secoli di Sapori

La produzione di salumi nelle vallate alpine, così come nelle campagne di collina e pianura, ha origini antiche ed era una necessità per poter provvedere alla conservazione delle carni, in particolare del maiale, animale principe dell'alimentazione delle genti povere. Non era rara, comunque, l 'insaccatura di carni di mucche vecchie o morte cadendo da dirupi.

In montagna, a differenza che nelle campagne, anche il maiale era però prelibatezza non per tutti, per cui si trovano insaccati ove, insieme alla carne, risulta miscelata pasta di patate o barbabietole.

Sempre dall'estrema povertà che contraddistingueva la vita dei montanari nei secoli scorsi, trova inoltre ragione la lavorazione e l'insaccatura del sangue del maiale. Nulla veniva gettato, da ogni alimento si traeva un cibo che la cura e la passione delle donne di montagna sapeva trasformare in splendidi sapori, usando magistralmente, come legame ed integratori del gusto, le tantissime erbe aromatiche di cui sono ricchi gli alti pascoli alpini.

Oggi questi antichi insaccati sono quasi scomparsi e solo più alcuni piccoli salumifici continuano nella Tradizione della produzione di salumi montani, il cui gusto va dal delicato del salampatata e del prosciuttello al forte e deciso della mustardela.

Diverso nelle campagne, ove queste antiche tradizioni sono invece tutt'ora abbastanza vive e radicate, seppur anche qui risultino patrimonio solo più di piccoli salumifici che hanno rifiutato l'industrializzazione, ovvero la distruzione dei veri e genuini sapori di un tempo, troppo spesso nell'epoca moderna immolati sul! 'altare del maggiore e più facile guadagno, con distruzione di storia, tradizioni, costumi e piacere del mangiare che sono, erano e devono restare pietra miliare di un vero sviluppo sostenibile dell'umana società.

I PRINCIPALI SALUMI DI MONTAGNA

MUSTARDELA: *antichissimo salume tipico delle montagne della Val Pellice dalla ricetta complessa. Si produceva utilizzando il sangue del maiale raccolto durante la macellazione, unito ad un* *trito grossolano di carni lessate ricavate da testa, cotenna, orecchie, lingua, polmoni e rognoni, con ricca aggiunta di spezie. Il composto veniva insaccato nel budello torto e lessato.*

La Mustardela è presidio Slow Food e prodotto del Paniere della Provincia di Torino.

PROSCIUTTELLO CRUDO DELLA VALLE DI SUSA: *la produzione del prosciutto in Valle di Susa è un 'antica Tradizione montanara. Prelibatezza ben nota e presente nelle dispense di Casa Savoia, un tempo era una specialità gastronomica pressoché fuori commercio, solitamente prodotta per il consumo personale dagli allevatori di suini dei versanti alpini della Valle di Susa e del Briançonnais.*

La ricetta è antica e particolarissima: prima della salatura, la coscia di suino viene disossata, pepata, trattata con una miscela di erbe tritate e marinata nel vino bianco, principalmente nel Baratuciat, per 20 giorni, poi viene asciugata, salata e avvolta strettamente in un sottile laminato di budello suino.

Dopo un periodo di riposo e un lavaggio finale nel vino, il prosciutto viene posto a stagionare per 15 o 16 mesi. È un prodotto del Paniere della Provincia di Torino.

SALAM D'LA TURGIA: *antico salame proprio delle montagne della Bassa Valsusa e della Valle di Lanzo, prodotto con la carne di vacche da latte non più produttive, cubetti di lardo e spezie. È un prodotto del Paniere della Provincia di Torino.*

SALAMICA: *è un antichissimo salame della Valcenisia (Susa), prodotto con un macinato a medio impasto di suino, avvolto, a differenza degli altri salami, non in budello ma in un impasto di* *farina di segale aromatizzata con le erbe. Il suo nome deriva dal termine "mica", in piemontese "forma di pane", che è la sua caratteristica esteriore.*

Si ha notizia di questa lavorazione sin da epoche Medioevali, come emerge da documentazioni del 1300 rinvenute in zona.

SALAMPATATA: *un insaccato un tempo tipico solo delle montagne del Canavese che veniva preparato il giorno dell'uccisione del maiale, con patate bollite mescolate a carne di maiale e condito con aglio, sale, pepe. Nasce dalla antica perdurante povertà della montagna, dove ogni espediente era valido per cercare di aumentare il cibo a disposizione della famiglia.*

È un prodotto del Paniere della Provincia di Torino.

E I PRINCIPALI SALUMI DI CAMPAGNA

SALAME COTTO: *è un salume squisitamente piemontese, le cui origini paiono Astigiane. Si realizza con parti della spalla del suino insaccate in budello, con cottura a circa 70 gradi. Ha nel profumo la propria caratteristica saliente.*

SALAME CRUDO DI CASCINA: *è il salame più classico, preparato insaccando carne di suino, più o meno speziata, in budello di maiale, che, ed è caratteristica piemontese, viene lavorato con il vino anteriormente all'insaccatura.*

I salami si diversificano sulla base delle dimensioni e della stagionatura. Il rito dell'uccisione del maiale e della preparazione del salame è da secoli un punto fermo della vita contadina, una festa propria dell'autunno.

In alcune zone, in particolare Langa e Astigiano, era ed è Tradizione aromatizzare i salami con aglio o con vino. L'aromatizzazione al tartufo è invece solo odierno malcostume commerciale, senza alcun riferimento alla Tradizione enogastronomica

SALAME D'ASINO: *è un insaccato composto da carne di spalla o coscia d'asino miscelata a pancetta suina, con impasto più uniforme e più chiaro di quello del tipico salame suino.*
Proprio del Novarese e dell'Astigiano, nonché delle montagne del Cuneese, ha origini medioevali ed è oggi molto raro, essendo ormai limitatissimo l'allevamento dell'asino.
Una leggenda riporta che, in occasione del Palio degli Asini di Alba, fosse uso "far salame" con l'asino che arrivava ultimo al traguardo.

SÀLAM 'D LA DOJA: *Sono salami di media o piccola grandezza di suino che, appena prodotti, vengono conservati immersi nello strutto in recipienti di terracotta (Duja), da cui prendono il nome. Morbidi e gustosi, sono tipici della pianura Torinese e Vercellese.*
È un prodotto del Paniere della Provincia di Torino

SALAME D'OCA: *è un insaccato le cui origini risalgono alle comunità ebraiche del Piemonte e della Lomellina (al tempo in cui era parte del Regno del Piemonte) ed era anche detto "salame ecumenico", in quanto destinato ad ebrei e mussulmani.*
Si ha notizia ufficiale di questo particolare salame, composto da carne d'oca insaccato nella pelle del collo dell'oca stessa, a partire dal 1780.

SALAME DI TRIPPA: *è un insaccato Moncalierese risalente al Medioevo, prodotto con trippe insaccate in stomaco suino, che deriva dalle abitudini celtiche cisalpine di utilizzare lo stomaco suino come contenitore. Persane notizia, nella metà del '900 una famiglia di macellai moncalieresi ne han rinnovato produzione e Tradizione. Si consuma soprattutto freddo e condito ed è l'unica lavorazione della trippa propria della Tradizione piemontese.*

L'ANTICA TRADIZIONE DEI PRIMI

Foto del sito Agriturismo Adriano di Roddino

LA STORIA DELLA PASTA IN PIEMONTE

La pasta di grano duro (*makkaroni*) ha antichissime origini nei paesi arabi, da cui giunse in Sicilia, allora colonia araba, verso il 1100, tant'è che Palermo è universalmente riconosciuta come capitale della pasta italiana fatta con questo tipo di grano.

La prima citazione "ufficiale" della pasta si ha in un inventario notarile di un'eredità, ove appare "*una bariscela* (in italiano: cesta) *piena de macaronis*".

Un documento del 1244 e uno del 1316 attestano, poi, la produzione di pasta secca anche in Liguria. Tra 1200 e 1300 si diffonde, infatti, in Liguria la produzione artigianale dei "*Fideï*" (pasta nel dialetto locale), che porterà, nel 1574, alla creazione della Corporazione dei Pastai di Genova. Tre anni dopo, a Savona, viene costituita la "*Regolazione dell'Arte dei Maestri Fidelari*".

Nel 1300 circa, la pasta sbarca a Napoli, ove, come in Liguria e Sicilia, la vicinanza del mare facilita l'essiccazione, processo che consente una lunga conservazione.

Con il 1500 la pasta secca, prodotta impastando farina di grano duro (*Triiticum durum*) si diffonde in tutta Italia, solo il Piemonte resta abbastanza isolato da questo dilagare della pasta secca detta "maccheroni".

Il palato piemontese preferì, infatti, di gran lunga la sua pasta, fatta impastando il ben più delicato grano tenero (*Triiticum vulgare*) con le uova, rispetto alla più grossolana pasta fatta di farina di grano duro e acqua. Data quindi 1500 la grande diversità tra la pasta italiana in genere, di grano duro, e quella piemontese di grano tenero all'uovo, una diversità che ancor oggi divide i palati di piemontesi ed italiani.

Ma i palati piemontesi non si fermano alla pasta, Vercelli è la Capitale del Riso Europeo, quel riso che si ritiene sia stato identificato per la prima volta sulle pendici dell'Himalaya circa 10.000 anni addietro, ma che arriva in Italia dai paesi arabi, con i Crociati, solo verso l'anno 1100 e si dimostra pianta capace di svilupparsi nei terreni irrigui della pianura padana. Dal 1300, allorché i monaci provvidero a bonificare vari tratti di terre attraversate dal Po, il riso iniziò così a diffondersi nel Vercellese, Biellese e Novarese, anche se e bene ricordare che, all'epoca, era ritenuto spezia e medicamento e non alimento, caratteristica, questa, acquisita solo dal 1700.

TAJARIN

Dire Tajarin una volta era dire Langa, oggi è dire intero Piemonte. Non esiste pasta che riporti alla storia e alle tradizioni di una regione come i Tajarin con il Piemonte. Sulla piemontesità assoluta del Tajarin non v'è quindi discussione.

I Tajarin, per via del rito dell'impasto, per la fragranza del sapore, per l'abilità del prepararli, sono un meraviglioso concerto di sole musiche piemontesi, suonato nei secoli da milioni di donne di cascina e cuochi di cucine nobiliari.

Gli ingredienti semplici: dodici uova ogni chilogrammo di farina, rigorosamente di grano tenero piemontese (*triticum vulgare*), con una piccola "giunta" di vino bianco.

Sono piccole tagliatelle dagli spigoli smussati e dal colore giallo intenso dell'uovo e la loro storia affonda nei secoli.

Certamente già noti nel 1400 (vari documenti attestano tale modo di "*cuocere la farina*"), hanno rappresentato, per secoli, il mangiare di tutti i giorni, contrapposto all'Agnolotto/Raviola che era il re delle giornate di festa.

Il loro nome deriva dal termine piemontese con cui si indica il tagliato sottile (*tajà fin*); da tale termine, inoltre e previa italianizzazione, deriva poi il nome tagliatella. L'antica Tradizione voleva che fossero rigorosamente prodotti senza uso di ferro, colpevole di "imbastardire la pasta", per cui si tagliavano con coltelli di legno. Una antica variante esclusiva di Langa è il Tajarin viola, il cui colore era dato dall'utilizzo del vino rosso nell'impastare; purtroppo l'odierno privilegiare il vedere al gustare, ha decretato la morte di questo prodotto dal non gradevole effetto ottico.

Dire Tajarin è un dire Piemonte, ma è anche un dire tartufo, l'imperatore dei condimenti per il più regale dei piatti: Tajarin con la Trifola.

I Condimenti Tradizionali per i Tajarin

Il Tajarin si esalta con vari condimenti, ma la storia antica di Langa lo vuole rigorosamente condito con il famoso "comodino" (an sel cumidin), realizzato con burro, sedano, carota, cipolla, prezzemolo, salvia e rosmarino, bagnato di vino rosso, in cui vengono cotte le rigaglie di pollo o di coniglio, dai fegatini alle creste, dai reni ai cuoricini, di cui ogni donna di Langa aveva una sua segreta ricetta che tramandava alle figlie.
Altrettanto tradizionale è poi il sugo fatto con l'arrosto tritato o con la salsiccia di Bra, così come lo sono i condimenti di burro

aromatizzato con varie erbe, arricchiti, in stagione, con i funghi. Dal 1800 è entrato nella Tradizione condire i Tajarin con una delicata fondutina di toma. Il più regale dei condimenti resta comunque quello di solo burro e tartufo ... due simboli del gusto piemontese che si legano nel più tradizionale dei primi.

AGNOLOTTI O RAVIOLE

Gli Agnolotti o Raviole sono, con i Tajarin, la pasta più rappresentativa del Piemonte; entrambi di pasta all'uovo, ma con questi primi arricchiti da un ripieno.

Diffusi in tutta la regione, sono preparati con una sfoglia all'uovo (un uovo ogni etto di farina), farcita con ripieni che variano per composizione e ricchezza secondo le zone; in Langa è poi uso mettere un po' di vino bianco nell'impasto.

Nell'Astigiano, Monferrato Casalese e Torinese il ripieno è solitamente composto da tre arrosti, uno di vitello (nell'astigiano vi è anche la variante dell'arrosto di cavallo al posto dell'arrosto di vitello), uno di coniglio e uno di maiale; nel Basso Canavese ci si limita all'arrosto di manzo a cui si unisce salsiccia e verza, mentre nel Cuneese, ed in particolare in Langa, si utilizza un misto di carne bovina o di coniglio arrosto e stufata a cui si unisce la verza.

La loro storia è antichissima, così come antico è l'uso di considerarli il piatto delle giornate di festa.

Tre storie celebrano le origini di questo superbo piatto della Tradizione piemontese.

La più fantasiosa è quella secondo cui l'Agnolotto risale al 1360 e la sua origine deriva dal banchetto che il Marchese del Monferrato ordinò per celebrare il fallito assedio al suo Castello, portato dal Principe Giacomo d'Acaja di Pinerolo. Il cuoco, Angelot, per poter preparare il banchetto, dovette ingegnarsi con i pochi residui di cibo che il lungo assedio avevano lasciato nel Castello ed allora provvide a tritare tutti gli avanzi di carne, avvolgendoli poi nella pasta.

Il Marchese, entusiasta del risultato, premiò il cuoco, attribuendo il suo nome al piatto: *"Pasta 'd Angelot"*, da cui Agnolotto.

Quella più storica lo fa invece risalire a tal famiglia Raviolo, nel 1200 noti osti in Gavi (Alessandria), che servivano della pasta ripiena di carne e quindi, dal nome dell'oste Raviolo, il termine "raviolo" (*"la pasta 'd Raviolo"*). Nel 1600, uno storico gesuita genovese (Paolo Oliva) legittima questa tesi scrivendo di pasta ripiena a nome "Ravioli", nata secoli prima a Gavi.

Il passaggio di nome da "Ravioli o Raviole" ad "Agnolotto", la si ascrive, invece, al diverso ripieno di questa pasta; se di carne bovina o suina: "Ravioli o Raviole", se di carne di agnello: *"Ravioli agnellotti"*. Una variante di ripieno all'epoca, ed in particolare nell'Alessandrino, molto richiesta dalla numerosa comunità ebraica e mussulmana che la abitava.

La più documentata ascrive poi la nascita dell'Agnolotto ad una Tradizione contadina delle montagne tra Liguria (piana di Albenga) e Langhe e si fonda su un contratto, conservato nel museo civico di Albenga, per la lavorazione dei campi del 1182, in cui il fittavolo albenganese si impegnava a fornire, durante la vendemmia, un pasto al padrone piemontese e ai suoi amici, comprendente "pasta ripiena di carne" che, quasi certamente, veniva chiamata *graviola*, dal termine dialettale usato per indicare la donna gravida. Da ciò "Raviola", poi trasformatasi in "Agnolotto" allorché la Raviola era ripiena di carne di agnello.

Oggi il temine comunemente usato per indicare questa pasta, qualsiasi sia il suo ripieno, è "Agnolotto"; solo in Langa si continua a chiamarle "Raviole". Un dato è comunque certo: tutte le paste ripiene, di cui l'Italia è ricchissima da nord a sud, derivano dalla Raviola o Agnolotto piemontese!

PLIN

Gli Agnolotti/Raviole prendono poi in Langa anche il nome di *"Plin"*, un termine di cui si ha notizia sin da fine 1600, che si differenziano da quelli classici nella forma, presentando un lato chiuso mediante un pizzico, che in piemontese è il tipico pizzicotto (in dialetto per l'appunto *"plin"*) con cui le donne di Langa li chiudevano, dopo aver ripiegato la pasta a mo' della carta che avvolge le caramelle.

La distinzione Agnolotti/Raviole classici e *Agnolotti/Raviole del Plin* riguarda però non solo la lavorazione, ma anche la misura, essendo questi ultimi circa la metà, del classico Agnolotto/Raviola di 2/3 cm. di lato, mentre il ripieno è identico.

Pur essendo ormai diffusa abitudine chiamarli "Agnolotti del Plin", il termine più proprio sarebbe invece "Raviole del Plin", non essendo, come già su specificato, Langarolo il termine "Agnolotti".

I Condimenti Tradizionali per Agnolotti e Plin

Per quanto riguarda i condimenti, l'antica Tradizione piemontese vuole gli Agnolotti/Raviole (classici o del Plin) serviti con sugo di brasato o arrosto, salmì di coniglio, burro e salvia o, ed è una variante esclusivamente Langarola, in una scodella a bagno nel vino, mentre una variante astigiana li prevede scolati direttamente nel tovagliolo e serviti completamente asciutti e senza condimento, in ossequio all'antica usanza del portare il pranzo agli uomini, al lavoro nei campi, dentro un tovagliolo.

Non manca poi la Tradizione del gustarli in brodo di gallina o bovino, però realizzati in misura più piccola, ossia circa 1 cm. per lato. Anche se abbastanza recente (fine 1800), vi è inoltre, nella storia enogastronomica piemontese, anche l'Agnolotto servito con fonduta di formaggio delicato, mentre il tartufo è assolutamente estraneo ad ogni condimento dell'Agnolotto.

IL RISO

RISO IN CAGNONE: *è un risotto che alcuni ascrivono alla Tradizione piemontese (Biella), altri a quella Lombarda (Varese o Lodi), altri ancora a quella Ligure. Dalle documentazioni storiche è da privilegiare l'origine piemontese, vista la citazione del riso bollito (come medicamento) nei registri dell'Ospedale Sant'Andrea di Vercelli del 1250. E proprio la bollitura del riso, invece della sua ordinaria tostatura con incorporazione del brodo, che distingue il riso in cagnone dai classici risotti.*

Il Riso in Cagnone viene bollito in acqua, scolato e condito con burro fuso e Toma, insaporito con salvia e, nel Novarese, aglio. Il nome deriva dalla similitudine, con il baco, del grano di riso dopo cottura, in dialetto "cagno".

RISOTTO AI FORMAGGI: *se il "risotto sporco" di cui infra, preparato un tempo con tutti gli avanzi di carne, era il risotto tipico e secolare dei contadini della piana del Po, il "risotto ai formaggi" era il piatto tipico e senza nome delle zone in cui vi era ricchezza di formaggi e, quindi, molti avanzi dello stesso.*

Il suo sapore ovviamente si diversifica sulla base dei formaggi utilizzati e va dal delicato delle Tome d'Alba, sino al robusto del Castelmagno o, meglio ancora, del Murianeng.

RISOTTO AI FUNGHI: *è il risotto raffinato, figlio del risotto sporco, ove il condimento è però rappresentato solo dai funghi.*

Abbastanza recente (fine 1800), è oggi uno dei principali risotti piemontesi autunnali, anche se, grazie ai funghi secchi, è divenuto piatto di tutte le stagioni. La conservazione a secco del fungo è peraltro un'antica pratica piemontese, anche se comune ad altre regioni.

RISOTTO AL VINO: *altro risotto abbastanza recente (1800), è oggi sinonimo di raffinatezza assoluta nel mangiare.*

Di origine francese, in Piemonte si è caratterizzato e diversificato da quello dei cugini di oltralpe per l'uso rigoroso del Barolo nella sua preparazione, che ne caratterizza il sapore armonico e forte, unito ad un profumo intenso.

Da metà 1900 è entrato nell'uso della cucina piemontese l'impiego dello spumante secco, in evidente copiatura del tradizionale "Risotto allo Champagne" francese, uno dei piatti d'oltralpe preferiti da Cavour.

RISOTTO SPORCO: *era il risotto di campagna per eccellenza, in quanto non deriva da una precisa ricetta, ma è legato a ciò che vi era in cascina. Le donne di campagna, infatti, condivano il risotto utilizzando tutti gli avanzi di carni di cui disponevano, unendogli le verdure.*

In particolare, il riso sporco si faceva con salsicce, carni arrosto di vitello e suino, avanzi di salumi, ecc...

Per sporco si intendeva la ricchezza di condimento. Difficile stabilire a quando risale, anche se è probabile che questo "risotto" senza nome sia stato il piatto abituale della piana del Po nei secoli scorsi, spesso citato nei documenti monastici.

I PRIMI DELLA MONTAGNA

Quelli che oggi vengono definiti i primi piatti, erano, nella Tradizione montanara, il mangiare unico delle giornate non festive. Venivano preparati con il poco che la montagna dava a chi l'abitava e la famiglia si sfamava consumandoli, con un ligneo mestolo, direttamente dalla pentola appesa sul fuoco.

Si tratta in gran parte di zuppe e minestre molto dense e robuste, ove si amalgamano splendidamente i pochi sapori disponibili, dal formaggio alla castagna, al pane di segala raffermo. Molto, nell'alimentazione alpigiana, cambiò però con il 1700, allorché si diffuse, a seguito di carestie, l'uso della patata, giunta poco più di un secolo prima dalle Americhe, al posto del più costoso pane.

A questi pochi alimenti, si univa un sapiente uso delle erbe alpine e la grandissima abilità delle donne di montagna ad inventare ricette.

Alcuni piatti sono vere opere d'arte del sapore e lo sono divenuti attraverso i tanti secoli che hanno visto donne su donne cucinare quanto insegnato loro dalle mamme e dalle nonne, migliorandone a volte il risultato. Purtroppo però questa storia è finita nella seconda metà del 1900, con l'abbandono della montagna e l'industria che ha invaso, con la forza del marketing e della falsità, agricoltura e cucina.

GHJNEFLE o CAJETTE: *grossi gnocchi a forma di uovo tipici della Valsusa e Valchisone, la cui ricetta varia leggermente da paese a paese. Come tutti i piatti montani, risulta realizzato con tanto lavoro e i pochi e poveri alimenti che crescevano in quota.*

La ricetta base prevede patate e pane raffermo di segala, il tutto impastato con scalogno, porro, verza e condito con la tradizionale Torna d'Alpeggio. Si ha notizia di questo piatto sin dal 700, come attestato da vari documenti trovati in monasteri della zona, ovviamente realizzato, prima dell'arrivo della patata, con sola farina.

GNOCCHI AL FORMAGGIO: *i gnocchi sono la pasta più tradizionale delle montagne, in quanto prodotta con un impasto di farina, uova e patate, alimento principe delle aree alpine. Questa preparazione, che risale al tardo 1700, è la normale evoluzione di una preparazione preesistente, ove, al posto della patata, si usavano altri prodotti impastabili: ad esempio, la zucca. L'origine degli gnocchi si ascrive alla prassi, nell'antica Roma, di impastare cereali con forma similare ai gnocchi odierni. Tale abitudine fu successivamente fatta propria dai Longobardi, con gli "zanzarelli", a base di farina, uova e mandorle. Con l'arrivo della patata, tale forma di pasta si è comunque diffusa a macchia d'olio in Piemonte ed, in particolare, sulle montagne piemontesi, divenendo piatto di riferimento della cucina montana.*

Da questo suo radicamento alpigiano, il vincente abbinamento degli gnocchi al formaggio di ogni tipo. L'origine del suo nome pare derivi dal fatto che era ritenuta una pasta "gnuca", ovvero dal dialettale "di scarso valore", giacché preparata con farine povere (patata) e non con farine nobili.

MINESTRA DI CASTAGNE: *zuppa tipica di molte regioni alpine, è realizzata con il principale elemento nutritivo della montagna: le castagne, nell'antichità dette "Noci di Giove". Si hanno sue notizie sin dall'epoca etrusco-romana (200 a.C.) nelle Alpi Marittime Cuneesi dell'Alta Langa.*
La minestra è prodotta con castagne, latte crudo di mungitura non scremato, finocchio selvatico e miele artigianale. Nell'antichità si consumava sino a tarda primavera, in quanto vi era credenza che "portasse male" mangiarla durante il periodo di fioritura del castagno.

PRUSTINENGA: *è un antichissimo piatto delle vallate del Pinerolese e della Tradizione valdese, caratterizzato dalla povertà dei suoi ingredienti, le interiora di capretto. Nei documenti valdesi, si cita questo piatto sin dal 1400.*
Si ottiene cuocendo a lungo fegato, polmone, cuore e rognone di capretto in vino rosso speziato e brodo di mucca.

SARINÀ: *piatto asciutto di origine occitana (in Savoia è chiamato "Tartiflette"), era estremamente diffuso nelle Alpi Cozie, tanto Valsusine che Cuneesi, con molteplici varianti territoriali. Una delle ricette principali prevede: patate, scalogno, pancetta di maiale, Rebloalpin e formaggio fresco inacidito, il tutto bagnato con vino bianco.*
Nelle vallate alpine Torinesi si ha notizia, attraverso documentazioni conservate in vari monasteri, di questo piatto (anche nella sue variante "GLARA") sin dall'anno mille, e, sino al 1700, ovviamente con il pane di segale raffermo al posto della patata.

SOUPE GRASSE: *è una zuppa tipica delle montagne piemontesi, citata in documenti monastici risalenti all'anno 1000 (Abbazia di Novalesa), la cui ricetta ha subito molte varianti nei secoli. La ricetta storica occitana prevede strati alternati di pane di segale e Torna d' Alpeggio, inzuppati nel brodo di mucca e cotti a lungo senza rimestare.*

Tra le varianti consolidatesi nei secoli scorsi, c'è quella che utilizza i grissini al posto del pane ed è denominata "SOPA BARBETTA", propria delle Valli Valdesi, e quella Valdostana, realizzata con pane di segale e fontina, denominata Valpelentze.

LE MINESTRE DELLA CAMPAGNA

Diverso da quello di montagna era il vivere in campagna, ove, pur essendoci povertà, vi era però grande disponibilità, in natura, di alimenti.

Una disponibilità che comunque si univa, e in ciò senza differenze con la montagna, ad una grandissima attenzione al non sprecare nulla, all'utilizzare tutto ciò che si aveva o si avanzava dopo i lauti banchetti festivi. Ecco allora le così dette minestre dei contadini; zuppe che si caratterizzano nel fatto di essere preparate usando tutto ciò che vi era in cucina o nell'orto ed amalgamando tra loro tanti sapori diversissimi, per creare nuovi gusti, tanto robusti e decisi che delicati e raffinati.

Erano le minestre del pasto serale, che le donne iniziavano a preparare dopo aver acceso la stufa poco dopo l'alba... Spesso un toccasana caldo contro il gelo invernale e ben altro piacere per il palato rispetto alle odierne minestre in busta, ove la chimica spesso sovrasta l'orto, che cuociono in 3 minuti!

CAPITOLADE: *è un'antichissima zuppa densa contadina dal gusto forte. Si preparava allorché venivano uccisi i polli, con le parti di scarto dei medesimi. La preparazione avveniva con teste di pollo cotte in brodo con burro, cipolle tritate, crostini di pane. Più recentemente, si è sostituito alle teste di pollo la carne bovina arrosto tritata.*

CISRÀ: *è una delle più tradizionali minestre piemontesi, originaria del Monregalese ma diffusa in tutta la regione. Minestra delicata e gustosa viene preparata con ceci, cotenna di maiale, sedano, cipolle e, a volte, patate. Un piatto contadino tipicamente invernale, che veniva consumato in cascina.*

MNESTRA DJ ANIME: *era la minestra Langarola rituale della sera del giorni dei defunti (2 novembre) che si consumava con i parenti in cascina. Da tale usanza il suo nome dialettale "dj anime", ovvero dei morti. Veniva preparata utilizzando tutte le verdure di stagione, cotte con aromi e costine di maiale e condite con un battuto di lardo, salvia e rosmarino.*
Preparata con il cavolo prendeva anche il nome di "MNESTRA DI STRAS", dalla forma di straccio bagnato proprio delle foglie di cavolo, ed era tipica del pasto serale invernale.

MNESTRA MARIÀ: *il suo nome deriva dal dialetto piemontese, ove "marià" significa sposata. Era la tradizionale* *minestra delle Prealpi Biellesi per la sera del matrimonio, in quanto leggera ed indicata dopo il lunghissimo banchetto nuziale. Veniva preparata con bietole o spinaci, riso e uova.*

PANADA: *era la minestra del malato; facilissima da digerire, ma con il giusto grado nutritivo. Si ha notizia di questa minestra su vari registri di ospedali del Piemonte sin dal 1400.*
I suoi ingredienti sono: pane raffermo e formaggio, cotti in brodo di gallina o vitello, a volte con l'aggiunta di un rosso d'uovo.

PANISA: *è l'antichissima minestra Vercellese di cui si ha notizia sin da 1600. Era il piatto della sopravvivenza invernale contadina nelle basse del Po e veniva preparato con riso, legumi e le carni di maiale disponibili (salsiccia, cotenna, lardo). Alcuni, a fine cottura, aggiungevano un bicchiere di vino rosso. Un piatto similare nel Novarese è chiamato "PANISCIA".*

RIS E COJ: *è la più tipica minestra della pianura del Po, realizzata con riso e cavolo conditi con lardo o cotenna.*
Certamente una delle più famose e diffuse minestre piemontesi, di origini antichissime e propria dei monasteri, dove era piatto usuale dei frati già nel 1600.

RIS E MALASTRE: *è un 'antichissima minestra Biellese di origine medioevale, ormai praticamente scomparsa. Utilizzava i fiori come alimento. Il suo nome deriva dal dialettale Biellese "malastre", termine per indicare le viole del pensiero.*
Si prepara in primavera con patate bollite, riso e una manciata di viole dei pensiero, il tutto cotto in brodo. Profumatissima ed estremamente delicata, era la minestra delle donne della nobiltà.

TOFEJA: *minestra Canavesana le cui origini si perdono nella notte dei tempi, molto densa ed a base di fagioli, condita con orecchie e zampino di maiale e cotta lungamente in forno con il "preive" (cotenna di suino arrotolata e speziata), dentro recipienti di terracotta denominati Tofeja, da cui prende il nome. Nel resto del Piemonte, ed in particolare nel Cuneese, questo piatto veniva preparato anche con le fave secche. È una delle rarissime minestre cotte in forno.*

TOGNAQUE: *è una tipica zuppa leggera Canavesana, un tempo cucinata per i convalescenti o per la sera dei giorni di banchetto a pranzo. I suoi ingredienti sono: cavolo cotto in brodo di carne di bovino con tranci di pane arrostito, Per renderla più gustosa, il pane veniva preventivamente insaporito con pregnanti strofinature d'aglio.*

IL TRIONFO DELLA CARNE

IL BOVINO

Il Piemonte è una delle pochissime zone in cui si alleva ancora la razza bovina originaria del territorio. Secondo autorevoli e scientifiche teorie, la razza piemontese è nata dall'imprigionamento di un tipo di bovino, avvenuto tra la catena delle Alpi e quella degli Appennini Liguri, durante il Pleistocenico.

Successivamente, circa 30 mila anni addietro, arrivò in quest'area, dal centro del continente euro-asiatico, un gruppo di bovini zebù. L'integrazione tra questi ultimi e i bovini autoctoni avvenne intorno ai 15-20 mila anni avanti Cristo e generò l'esclusiva razza bovina piemontese, che, a differenza di quasi tutte le altre, non ha quindi subito manipolazioni sul patrimonio genetico.

Questo rende la razza bovina piemontese, che non a caso fa parte dei presidi di Slow Food, una tra le più pregiate al mondo, la cui carne è pressoché unica, magra, ma, al tempo stesso, particolarmente gustosa.

Se sino al 1700 l'allevamento di questi bovini era estensivo e fatto dalle famiglie contadine per l'uso proprio o del Casato Nobiliare della zona, del 1800 inizia un allevamento squisitamente commerciale, con un bovino, così detto di pianura, alimentato più per la produzione di carne, ed uno, di collina, alimentato più per la produzione di latte.

Tra le due tipologie bovine, la più pregiata per la carne, risultò però quella collinare che si sviluppò nella zona di Alba (Langhe e Roero), probabilmente per la particolare flora con cui si alimentava.

Questo particolare animale fu chiamato, nel tempo, a "Groppa doppia", "Della Coscia", "Facun" ed, in ultimo, "Fassone", a sottolineare la forma perfetta (dal francese Fason "a modo") di quest'animale.

Questa pregiatissima razza, che ormai è diffusa in tutto il Piemonte, è stata anche esportata nel mondo, dall'Europa del Nord al Canada, dal Costarica al Messico, Brasile, Argentina, Stati Uniti e, nel 2007, è stata selezionata, da una Commissione Scientifica Intrernazionale, per essere esportata in Mongolia, come nuova razza bovina per il popolamento di quella zona.

L'eccellenza del patrimonio bovino, è, peraltro, sempre stato fortemente tutelato dall'Ente Regione Piemonte, sicuramente il più attento a livello nazionale sulla salvaguardia della qualità animale, tanto da essere stato il primo a promulgare una specifica legge a tutela della sua razza bovina.

La qualità e tipologia della carne piemontese è poi legata all'età di macellazione che, in Piemonte, si divide in: Vìtellino (rosea chiarissima, di maschio o femmina macellati entro massimo 6 mesi dalla nascita, alimentati solo con latte da cui il termine dialettale "Pipun", che si presenta senza grasso bianco in filtrato); Vitello/a (rosea, di maschio o femmina macellati entro

18 mesi dalla nascita, con pochissimo grasso bianco in filtrato); Manzo (rossa, di maschio castrato o femmina macellati entro 48 mesi dalla nascita, con molto grasso bianco infiltrato); Toro, Vacca o Bue (rossa scura, non tenera e con infiltrazioni di grasso tendente al giallo).

Ebbene, a fronte di questa spettacolare materia prima, la cultura gastronomica piemontese, nei secoli, ha saputo creare le giuste cotture per ogni tipo di carne, dalla carne cruda di vitellino, allo stracotto di bue, al brasato di vitello, al bollito di manzo... ogni pezzo di carne ha la sua destinazione, che è, comunque, sublimazione del palato.

In conclusione, si può quini ben dire che il Piemonte è il regno della carne bovina e la regione dove più si è raffinata l'arte di cucinarla. Non ci si stupisca pertanto se, quando i piemontesi dicono carne senza null'altro aggiungere, si riferiscono esclusivamente alla carne bovina.

POLLI, CONIGLI E SELVAGGINA

Detto che il Bovino è certamente il Re delle carni piemontesi da secondo piatto, un ruolo di primissimo piano l'hanno comunque anche il pollo ed il coniglio e, nei tempi antichi, la selvaggina.

Tra i primi, la pregiatissima *"gallina bionda piemontese "*, un tempo sempre presente nelle aie delle cascine, conosciuta come *"Bionda di Villanova e Crivelle"* o

"*Bionda di Cuneo*" e la "*Bianca di Saluzzo e di Cavour*", che hanno ispirato decine di piatti, in particolare destinati alle classi nobiliari.

Era infatti uso del contadino vendere il pollo e tenersi le frattaglie, con cui creava opere d'arte culinaria dagli ingredienti poveri, ma dal gusto eccelso; su tutti la Finanziera e il *cumudin* per i Tajarin.

Grande impulso alla pollicoltura piemontese arrivò dalla creazione del Pollaio Provinciale Fascista di Torino (1929), che puntava alla autosufficienza alimentare italiana. Accanto alla gallina, in cascina non è poi mai mancato il coniglio (oggi il "*Coniglio Grigio di Carmagnola*" è presidio Slow Food), uno dei pochi mammiferi la cui domesticazione ha avuto origine nell'Europa occidentale, in quanto passati dall'Africa all'Europa seguendo più o meno il cammino dell'uomo. Un coniglio che è però sempre stato un riferimento culinario importante principalmente per la cucina contadina, giacché quella borghese e nobiliare guardava maggiormente al pollo.

In nessuna cascina è infatti mai mancato, insieme al pollaio, la gabbia o il recinto dei conigli, la cui cura era spesso affidata ai ragazzi ed alle donne. Che il coniglio sia un animale antico ed importantissimo per la cucina piemontese, è peraltro attestato da tantissime ricette che la storia gastronomia ha tramandato sino a noi e dal fatto che, a Torino, nel 1874, fu aperto il primo macello per conigli d'Italia.

In una zona montuosa e boschiva come il Piemonte, non manca ovviamente la selvaggina, tanto di pelo che di piuma, una primizia che la cultura gastronomica piemontese ha valorizzato, dedicandole due tradizionali tipi di cottura: in Salmì e al Civet.

I PESCI

I pesci, un tempo, ed in particolare nel 1800, abbastanza presenti sulle tavole piemontesi, con carpe, cavedani, pesci gatto, anguille, salmerini, lucci, tinche e trote, oggi sono stati purtroppo sostituiti dal pesce di acqua salata ... e non è detto sia stato un vantaggio per i sapori; resistono la trota e la tinca, in particolare quella gobba di Poirino, presidio Slow Food.

GLI OVINI E CAPRINI

Poco pregnante nella cucina piemontese sono, invece, l'ovino ed il caprino, da sempre animali allevati per latte da formaggi e per il vello più che per la loro carne, anche se, in ossequio al principio contadino che "nulla si spreca", quando venivano uccisi si provvedeva, comunque ad utilizzarne le carni.

ALCUNI RAFFINATI SECONDI

ARROSTO ALLE NOCCIOLE: *un grande piatto ove l'eccellenza della carne piemontese si lega ad un prodotto di altrettanta qualità come le famosissime nocciole della Langa, la cui varietà è squisitamente del Piemonte, come evidenzia la stessa definizione: "Nocciola Tonda Gentile di Langa".*
Questa varietà di nocciole è stata la prima in Italia a godere del riconoscimento del Ministero dell'Agricoltura (provvedimento 23/3/2004) di "Indicazione Geografica Protetta".
Piatto delicatissimo e profumato, è un abbinamento nato sul finire del 1800, ovviamente in Langa, mentre ben più antica è la prassi, comune ad altre regioni d'Italia, dell'arrostire la carne.

BATSUÀ: *questo piemontesissimo piatto robusto della campagna, diffusissimo da fine 1800 ed in particolare ad inizio 1900, prende il nome dalla terminologia francese "bas de soi" (in italiano: calze di seta).*
I suoi ingredienti sono piede di maiale (vitello in Langa) marinato nell'aceto e, passato nell'uovo, fritto in burro.

BRASATO AL BAROLO: *uno dei tradizionali e caratteristici secondi piemontesi, che ha nell'assoluta qualità della carne del Piemonte e del vino Barolo la sua peculiare eccellenza.*
Il Brasato al Barolo non è un piatto di cui si possano citare le origini, perché la brasatura della carne è tecnica di cottura antichissima (antica Grecia), mentre è pregnante evidenziare la complessità e laboriosità della sua preparazione, secondo la Tradizione piemontese.

Un vero Brasato al Barolo richiede infatti 4 giorni di lavorazione e precisamente: macerazione della carne di Toro o Bue in puro vino Barolo per un giorno, indi sostituzione del vino di macerazione con altro vino Barolo ed aggiunta di verdure, erbe ed aromi vari con ulteriore macerazione per due giorni. Il quarto giorno, cottura per svariate ore, con utilizzo del vino e delle erbe ed aromi di macerazione e non deve mancare un tocco di cioccolato fondente.

Il Brasato al Barolo è quindi un piatto ricco e prestigioso, che non mai è mancato sulle più illustri e nobili tavole del Piemonte. Un aneddoto: Cavour, il 29 aprile 1859, respinto l'ultimatum dell'Austria, disse ai collaboratori: "alea iacta est: oggi abbiamo fatto la storia, adesso andiamo a mangiare il brasato" e con quel piatto fu celebrata l'Unità d'Italia.

CONIGLIO AL CIVET O IN SALMÌ: *la carne di coniglio è storicamente molto presente nella gastronomia piemontese, come in quella della vicina Liguria. Ciò che caratterizza la presenza del coniglio nella cucina del Piemonte, rispetto ai piatti elaborati in altre regioni, è però la cottura: al* **CIVET,** *ovvero una cottura in salsa di vino rosso legata con il sangue stesso dell'animale, che conferisce un gusto intenso alle carni bianche di questo animale o in* **SALMÌ,** *mediante macerazione di almeno 2 giorni del coniglio in vino rosso aromatizzato con cannella e alloro ed aggiunta di brodo di bovino.*

La seconda di queste due cotture tradizionali piemontesi (il Salmì) è tipica tanto del coniglio che della selvaggina, in particolare Lepre, Daino, Capriolo e Camoscio.

Il salmì deriva dalla parola francese "salmigonis", che significa "con sale più condimento" e tutti i ricettari del 1700 dedicavano ampio spazio a questo modo di far cucina, anche se il grande gastronomo Pellegrino Artusi, nel 1800, preferiva definire questa tecnica culinaria con la dizione "in dolce forte".

GALLETTO BIONDO ALLA CACCIATORA: *questo piatto, come molti dei secondi piemontesi, unisce un'eccellenza assoluta (il Galletto Biondo di Villanova e Crivelle) ad una complessa cottura.*

Il pollo, che i contadini allevavano per vendere, era l'animale un tempo riservato alla cucina dei ricchi e, quindi, prevedeva cotture raffinate, tra cui quella "alla cacciatora", che si basa su una lunga cottura del pollo in tranci in innumerevoli sapori, vino e burro. Un nobile piatto destinato all'alta società di un tempo.

La "Gallina Bionda di Villanova e Crivelle" è oggi alimento preservato da un'associazione di tutela sotto l'egida dell'Unione Europea.

GALLINA BIONDA BOLLITA: *un piatto principesco molto presente sulle tavole nobiliari del 1700 e 1800, che valorizza al meglio il delicato gusto della prima citata Gallina Bionda di Villanova e Crivelle o della bianca di Saluzzo.*

La Tradizione del mangiare gallina bollita era, in particolare, del pasto festivo e si univa al piacere del Bagnèt Verd, suo indispensabile complemento.

Un piatto delicatissimo e ricercato per la qualità della carne; certamente il miglior modo per gustare appieno il sapore della carne di pollo.

GRIVE: *un elaborato che ha le proprie radici dalla storica cultura contadine dell'uso delle frattaglie, che è elemento pregnante della cucina piemontese e, in questo caso, dell'Alta Langa. È un fritto infarinato di fegato di maiale, cervella di vitello, uova e bacche di ginepro, il tutto avvolto nella reticella di maiale.*
Sempre in Langa, anche se in epoca ben più recente (inizio 1900), è nato l'uso di fare le GRIVE DI VERDURE, *insaccando i vegetali invece della carne.*

MIROTON: *è un piatto settecentesco il cui nome deriva dal ritornello di una canzone (Malbrough s'en va-t-en guerre) di quell'epoca che, per l'appunto, faceva "Mirotonne Mirotonne Mirotonne".*
E' un piatto di recupero del bollito avanzato, in quanto i suoi ingredienti sono vitello bollito a fettine ricoperto a caldo con una salsa di cipolle, burro, farina e brodo bovino, proprio della pianura piemontese.

PES-COJ: *forse il più classico dei vecchi piatti da merenda sinoira, è preparato con un impasto di carni varie trite, salame e verdure, il tutto avvolto nella foglia di cavolo, tanto da dargli la sembianza di un pesce, da cui il nome: pes-coj, in italiano pesce-cavolo.*

POLLO ALLA MARENGO: *di questo piatto abbiamo la data certa di origine: 14 giugno 1800. Fu, infatti, il piatto che un cuoco alessandrino, in tutta fretta e sul campo di battaglia, si inventò per celebrare la grande vittoria, conseguita quel giorno da Napoleone, sugli austriaci a Marengo.*

La storia narra che quel giorno il cuoco "prese dei funghi freschi, alcune olive di Tortona e un decilitro di vino bianco", cuocendo con questi ingredienti "tre pollastri"; poi, per fare maggiormente apprezzare a Napoleone il piatto, preparò anche una salsina a condimento, addensata con la farina, di pomodoro, burro, uova, a cui unì dei gamberi grigi di fiume.

Da quel giorno questo piatto è storia della gastronomia piemontese e, ovviamente, francese.

SACÒCIA: *null'altro che un antichissimo modo di gustare, sia a caldo che a freddo, la carne piemontese. Originario del 1800 come molti dei secondi tutt'ora esistenti, questo piatto, diffuso un po' in tutto il Piemonte, prende il nome dalla tasca (in piemontese sacòcia) di carne bovina, che veniva riempita di lardo, carne trita bovina e suina, formaggio, verdure, uova e spezie.*

Era un piatto della borghesia, abbastanza raro sulle tavole contadine.

STRACOTTO DI BUE: *l'alternativa povera al Brasato al Barolo. La povertà deriva dalla sostituzione del Barolo con altro vino rosso (in genere Nebbiolo in Langa o Barbera invecchiata nell'Astigiano), dalla minor macerazione della carne (1 giorno) e dalla non brasatura della medesima.*

Ottimo con polenta o puree di patate, è il piatto ricco della cucina povera, mentre il Brasato al Barolo era il piatto ricco della cucina nobile.

Lo stracotto si prepara con carne tagliata a dadi e, come per il fratello ricco brasato al Barolo, non deve mancare un tocco di cioccolato fondente.

Pierluigi Marengo

TAPULONE: *la leggenda ascrive questo secondo a 13 pellegrini che, di ritorno da San Giulio ed affamati, mangiarono il vecchio asino che trainava il loro carro. Rimasti senza mezzo di trasporto, si fermarono dove avevano cucinato l'asino, fondando Borgomanero. Poiché il vecchio asino aveva, per l'età, carni durissime, chiamarono quindi quel piatto tapulone, da tapulà, in dialetto: carne dura da sminuzzare.*

Passando dalla legenda alla realtà, ci rimane comunque questo antichissimo piatto di Borgomanero (Novara), che si fa risalire al 1100 ed è preparato con carne magra d'asino sminuzzata, aglio, cipolla, vino, burro e cavolo. Dal gusto intenso, è un piatto di Tradizione contadina che, da oltre un secolo, viene anche preparato con carne sminuzzata di vitello.

ED ALCUNI FORTI SECONDI DI MONTAGNA

SELVAGGINA AL GINEPRO: *piatto in cui l'animale cucinato variava secondo l'esito della caccia e poteva essere LEPRE, CERVO, CAMOSCIO, CAPRIOLO, TASSO.*

Certamente un piatto che si differenzia dai molti qui riportati, perché proprio della piccola nobiltà alpigiana e non della Tradizione popolare, giacché, nelle epoche antiche, era vietato ai popolani il cacciare e la fauna selvatica era di esclusiva proprietà del Signorotto.

La selvaggina veniva cotta per lunghissimo tempo in un intingolo a base vino di mele, aromatizzato con ginepro, porri e carote, che diviene, a cottura ultimata, una splendida e profumatissima salsa. Grazie all'opera amanuense dei frati della Novalesa, si ha notizia di questo tipo di cottura della selvaggina sin dal 1300.

GARBURE: *antica minestra del 1600 originaria del versante francese delle Alpi, in Piemonte diviene un secondo e si diffonde in questa sua nuova forma nelle montagne di confine tra Cuneese e Francia, per cui ben può, vista la differenza di preparazione, ascriversi alla Tradizione piemontese.*
E' un piatto di carni bovine sminuzzate e verdure di montagna cotte in brodo bovino e condite con burro.

LUMACHE: *la lumaca è sempre stata un prodotto "gratuito" della terra, a disposizione di tutti gli abitanti della montagna e la cucina alpina ha saputo utilizzare al massimo questo regalo di madre natura, elaborando varie ricette per renderne al meglio il gusto. Una delle cotture più diffuse è "al verde", ovvero lumache bollite e impanate, cotte in un trito di prezzemolo, rosmarino, menta e bagnate di vino bianco. Non mancano poi "IN UMIDO", cotte in una salsa di aromi vegetali e verdure varie, o "AL VINO", cotte nel vino rosso speziato.*
Spesso le lumache venivano poi abbinate, in cottura, con i funghi, altro prodotto che la natura ha sempre regalato ai montanari. Un piatto particolare a base di lumache, è quello dei "CALDERAI", poverissimo e realizzato con lumache cotte in un umido insaporito con vino di mela, erbe, aglio, lardo e scalogno ed ispessito con pane di segala grattugiato. Nel tardo autunno, era il piatto dei calderai, che giravano tra le baite per riparare le grosse "caudere" in cui veniva bollito il vino di mele. Si ha notizia di questa modo di mangiare le lumache sin dal '600 ed è piatto tipico delle montagne delle Alpi Cozie che dividono la provincia di Cuneo dalla Francia.

PUCCIA: *di origine indefinita, era un piatto diffuso nelle montagne dell'Alta Langa, preparato con una polentina molle di mais mescolata ad un trito cotto di carne suina, cavolo, formaggi, scalogno ed erbe aromatiche.*
Dal gusto intenso, era un "pastone", che i langaroli preparavano con tutto ciò di cui disponevano. Il termine "puccia", pare derivi dall'abitudine di intingerci pezzi di pane di segale raffermo, in dialetto: "pucè".

PULT: *uno storico piatto contadino Novarese a base di polenta, preparato con polenta morbida cotta con i fagioli a cui venivano uniti, a metà cottura, cavolo e cotenne di maiale; il tutto veniva condito con uno stufato di verdure passato in un soffritto di cipolle e lardo.*
Dal gusto intenso, esalta al massimo la polenta tradizionale, fatta con le antiche farine di mais macinate a pietra.

*I piatti unici della
Tradizione Piemontese:*

BAGNA CAUDA

FRITTO MISTO

FINANZIERA

GRAN BOLLITO MISTO

POLENTA

Sua Altezza Reale: LA BAGNA CAUDA

La Bagna Cauda è veramente un piacere irripetibile ed unico, un mangiare Piemonte a 360 gradi con quest'intingolo di acciughe ed aglio bolliti nell'olio, con eventuale aggiunta di burro.

Si gusta caldissima, attingendola da un contenitore in terra cotta (*fojòt*) ed utilizzando varie verdure autunnali piemontesi quali "cucchiai".

Le verdure indispensabili sono il cardo e il topinambur, accompagnate da svariate altre.

Ovviamente è un piatto che non aiuta l'alito del giorno dopo, per cui, rispetto alla robusta ricetta tradizionale che voleva l'aglio (una testa d'aglio per persona ieri come oggi) tagliata direttamente nell'olio e senza l'asporto del germoglio (*arbut*), dagli anni '50 si è privilegiato il bollire, precedentemente alla cottura in olio, l'aglio nel latte, asportandone il germoglio; così, la Bagna Cauda si presenta più delicata e meno difficile da digerire, anche se, ovviamente, meno gustosa.

Per evitare l'alito agliato, è divenuto d'uso assumere una pastiglia di carbone vegetale prima di gustarla e dei semi di cardamomo a fine pasto.

Molte località piemontesi si contendono la sua paternità, una paternità che si perde nella notte dei tempi.

Alcuni storici la datano nel Medio Evo, allorché i mercanti Astigiani, durante le loro spedizioni per rifornirsi di sale e acciughe in Provenza, conobbero un piatto simile, chiamato "*Anchoiade*", e lo introdussero in patria, diffondendolo poi in tutto il Piemonte meridionale e nord-occidentale.

L'antica ricetta provenzale, fatta propria dai contadini Astigiani, fu poi adattata agli usi ed alle risorse del territorio, in particolare con l'impiego degli ortaggi, che erano alla base dell'alimentazione povera, al posto del pane dell'*Anchoiade*, mantenendo però il rito di mangiarla in circolo attorno al paiolo, come avveniva in Provenza. Altri la fanno addirittura risalire alle truppe romane di Giulio Cesare che si posizionarono nella piana Alessandrina durante la campagna per conquistare le Gallie.

Secondo questa seconda tesi, i romani portarono con se enormi quantità di acciughe conservate sotto sale, che rinvenivano bollendole nell'olio (di cui all'epoca il Piemonte era ricco) ed aggiungendovi abbondante aglio, in quei secoli il principale disinfettante alimentare quasi un odierno antibiotico, per combattere eventuali deterioramenti del pesce. In quest'intingolo, i romani bagnavano le verdure trovate sul luogo, seduti in cerchio attorno alla pentola posta sul fuoco negli accampamenti.

Non si sa quale di queste due tesi sia quella reale, certo è, però, che entrambe colgono l'essenza primaria, insieme al forte sapore, della Bagna Cauda: essere mangiata in circolo, attingendo tutti dallo stesso contenitore posto al centro, con il rito dello scaldino che, anche se da collettivo ultimamente è divenuto (purtroppo!) individuale, è simbolo di convivialità e di amicizia, quasi un rito sociale per feste collettive.

Nulla è più piemontese della Bagna Cauda, un piatto per secoli relegato al mondo contadino, che dalla metà del 1800 è però comparso su tutte le tavole, a partire da quella di Re Vittorio Emanuele II, divenendo il simbolo della tipicità gastronomica piemontese.

Oggi esistono anche versioni di Bagna Cauda senz'aglio, che certo non si possono definire Bagna

Cauda giacché sarebbe una bestemmia il farlo, ma che rientrano comunque nella Tradizione ottocentesca piemontese, in quanto, proprio allora, si iniziò a preparare una bagna con la stessa ricetta della Bagna Cauda, ma sostituendo l'aglio con una crema di tapinambur.

Era la così detta "*Bagna du Diau*" (in italiano: Bagna del Diavolo), che veniva preparata a Corte allorché Vittorio Emanuele II faceva servire in tavola quella autentica. I delicati e raffinati palati e stomaci nobiliari non reggevano infatti tale forte intingolo ed i cuochi reali furono così chiamati a crearne un succedaneo senz'aglio. Il richiamo al diavolo aveva poi la propria ragione proprio dalla mancanza di aglio, che, secondo la leggenda, terrebbe distante, per l'appunto, il demonio… senz'aglio anche Satana poteva mangiarla. Nell' Astigiano si usa (fine 1800) unire alla Bagna Cauda un cucchiaio di conserva di pomodoro; in Alta Langa era invece uso aggiungere mezzo bicchiere di vino rosso.

Le verdure per la Bagna Cauda.
Tale è il tripudio di colori sul tavolo della Bagna Cauda, che a quella fantastica tavolozza fu dato un preciso nome: "Giardino Piemontese", ad indicare l'insieme di colorate verdure che accompagnano la Bagna Cauda e sono il cucchiaio con cui pescare nel fojòt la salsa.
Si va dagli indispensabili Cardo bianco-avorio al bianchissimo Topinambur, per poi procedere tra il verde pallido del Cavolo, il

grigio della Rapa bollita, il rosso, giallo e verde intenso dei Peperoni crudi, sottoaceto e cotti al forno, il granata scuro della Barbabietola Rossa cotta al forno (mai a vapore!), il bianco verdognolo del Sedano, il delicato giallino del Cavolfiore ed il verde scuro ed il bianco violetto delle varietà invernali delle Insalate, sino a giungere ai biancoverdi Cipollotti, rigorosamente tenuti a bagno in un bicchiere di vino rosso, o alle fette di gialla Mela Ranetta. Ed in montagna non manca la piccola e colorata Patata Viola.

SUA ECC. IL PRINCIPE: IL FRITTO MISTO

Il tradizionale Fritto Misto Piemontese è un antico piatto, originariamente povero, che si legava alla macellazione del maiale e al principio del non gettare mai via nulla. Un tempo era, infatti, composto da due sole fritture: la frittura bianca (polmone) e la frittura nera (fegato e sangue rappreso).

Verso il 1800, però si modificò totalmente, divenendo uno dei più importanti piatti ricchi della cucina piemontese.

Da due fritture si passo a numerose portate di fritti in purissimo olio di oliva, rigorosamente piemontese o ligure, diversificate tra salate e dolci.

Tra quelle salate non possono mancare i fritti di batsoà, bistecchine di vitello, costolette d'agnello, bistecchine di pollo, fegato di maiale, fegato di vitello, fegato di coniglio, salsiccia di suino, cervella di agnello, cervella di vitello, testicoli, animelle, filoni, rane, lumache, funghi e frise, mentre son totalmente spariti gli originari polmone e sangue rappreso.

Tra le portate dolci, sconosciute all'origine, vi sono i fritti di mela, semolino normale, semolino al cacao, biscotti novaresi, amaretti, baci di dama.

Un vero odierno Fritto Misto Piemontese deve comprendere non meno di 14 portate, di cui 9 salate e 5 dolci e deve essere servito caldissimo, direttamente dalla padella di frittura, rigorosamente di ferro, al piatto.

Da qualche decennio è poi uso aggiungere, a quelli su riportati, anche fritti di verdure, tra cui l'asparago, lo zucchino e i finocchi. Altri cibi, oltre a questi, sono invece corpi estranei al Fritto Misto, quand'anche alcuni ristoranti si sbizzarriscono ad inventare fantasiose ed improbabili componenti del fritto.

Il Fritto Misto Piemontese, dalla sua radicale trasformazione del 1800, impersonifica al meglio lo sfarzo grandioso e la sovrabbondanza di gusti e cibi della tavola del Piemonte.

Il piatto, infatti, si modificò modellandosi sulla cultura barocca piemontese di quell'epoca: il piacere per la ricchezza delle portate unita alla sorpresa sugli ingredienti e l'incontro un po' rinascimentale tra portate dolci e portate amare, portate agri e portate salate.

Nel Fritto Misto Piemontese del 1800 si legarono quindi la parsimonia contadina dell'utilizzare gli avanzi, con l'opulenza nobiliare che vi introdusse biscotti e carni di pregio. La ricchezza e ricercatezza così generata, fece sì che, quando le famiglie contadine macellavano i maiali e pranzavano con il Fritto Misto, anche il padrone si sedesse con loro per dividerne sensazioni e sapori.

Per la quantità di cibi servito è un tipico "piatto unico della festa", da consumarsi in convivio con gli amici.

Sul Fritto Misto Piemontese sono molte le leggende che si sono succedute nei secoli. Vi sono quelle di streghe e magia che si legano a saghe paesane. Vi sono poi le così dette leggende storiche-aneddotiche, tra le quali una è veramente simpatica.

L'Imperatrice di Francia Eugenia, moglie di Napoleone III e fierissima anti italiana, il 19 giugno del 1860 organizzò una cena a Parigi Fontainbleau, a cui invitò l'ambasciatore italiano Costantino Nigra.

Prima della cena, fece mettere gli occhialini tondi ad un ciambellano di corte, dalla corporatura e dalla barbetta simile a quella di Cavour, invitandolo a sedere a capotavola e chiamandolo Conte di Cavour.

Le portate furono, nell'ordine: stracchino lombardo, parmigiano di Parma servito con vino Aleatico, insalata di arance di Sicilia ed, in ultimo, maccaroni napoletani: una palese e impietosa satira sull'attività espansionistica piemontese condotta da Cavour, a cui mancava solo più Napoli per unificare l'Italia, Roma esclusa. Ogni portata venne servita partendo dal finto Cavour e, ad ogni portata, l'Imperatrice ripetè: "*Conte, voi che siete il vero Gargantua dei tempi moderni, apprezzate questo piatto?*". All'arrivo dei maccaroni napoletani, cambiò però la frase e disse: "*Conte, questo piatto è molto difficile da mangiare, credo non riuscirete a digerirlo.*"

Saputo di quell'irriverente sciarada su di lui dal proprio ambasciatore, Cavour pare abbia vendicato due volte l'affronto.

La prima con vendetta dichiarata ed ufficiale, pochi giorni dopo quella cena, scrisse che "*i maccaroni non erano ancora cotti a puntino*", per poi, il 7 settembre (data dell'entrata di Garibaldi in Napoli), con una seconda lettera precisare che *"adesso i maccaroni sono perfettamente cotti e posso tranquillamente digerirli."*

La seconda vendetta (quella propria dell'aneddotica) fu, invece, sotterranea e ben più subdola ed ingegnosa.

Cavour ordinò al Nigra di organizzare una cena a Parigi con ospiti l'Imperatore e sua moglie. Menù deciso da Cavour per quel pranzo: apoteosi di Fritto Misto Piemontese.

Il pranzo si tenne e l'Imperatore mangiò una quantità inaudita di quel Fritto Misto, all'uopo presentato e rigorosamente preparato con carni di vitella piemontese.

Qualche tempo dopo, in occasione di un incontro ufficiale, Cavour incontrò l'Imperatrice. Come la vide, non fece riferimento alla cena burla nei suoi confronti di Fontainbleu, ma le riferì, invece, di aver saputo di un pranzo organizzato dall'Ambasciatore Nigra, dove l'Imperatore, gli avevano riferito, aveva molto apprezzato *"le tenere carni di vitella piemontese"*, con chiara allusione al rapporto extraconiugale che l'Imperatore in allora aveva con la procace piemontese Contessa di Castiglione.

I contorni per il Fritto Misto Piemontese

Il Fritto Misto è un piatto completo di ogni sapore, quindi non richiede particolare contorno, se non verdure idonee a smorzare l'effetto intenso sul palato della frittura. Ottime, quindi, le verdure sotto aceto, quali peperone o giardiniera o l'aspretto Pum al Pis.

L'ARISTOCRATICA FINANZIERA

L'origine del nome di questo complesso piatto è incerta e comunque non risale a tempi remoti, anche se antico è il piatto.

Vi è, infatti, documentazione storica, ricavabile da scritti monastici e da altre fonti, sul fatto che i contadini dell'antico Piemonte, ed in particolare delle colline tra Torino ed Asti, preparassero, sin dal Medioevo, un piatto composto da frattaglie di pollo e di bovino (creste e bargigli di gallo, fegatini di pollo, animelle, cervella e filoni di vitello), cotti infarinati in burro, vino e aromi vegetali, con l'aggiunta, a volte e in stagione, dei funghi.

Per la sua ricchezza di ingredienti era un piatto tipico delle giornate di festa.

Si narra che la sua preparazione avvenisse spesso con il contributo di più cascine: dall'una provenivano le frattaglie di pollo, dall'altra quelle di bovino, poi, nel dì di festa, tutti insieme a gustarlo. Questa sua "ricchezza", seppur contadina, pare l'abbia però fatto apprezzare anche nelle alte sfere sociali Torinesi che, ad un certo punto (fine 1700), l'hanno fatto proprio, originando così il suo attuale nome Finanziera, che sta ad indicare la sua trasformazione, da contadino qual era, a piatto elitario, ovvero il suo aver smesso il camicione di campagna per vestire la giacca da cerimonia, propria dell'eleganza cittadina, nel 1800 chiamata per l'appunto "la Finanziera".

Un piatto antico, con un nome che ha però solo due secoli. Che sia divenuto uno dei piatti principe dei grandi pranzi di Corte o degli intriganti pranzi a due del conte Cavour e della Contessa di Castiglione, non è comunque fatto strano: il suo inebriante ed avvolgente sapore, dato delle parti più gustose dei due animali principe della cucina (bovino e pollo), unito alla complessità di gusto che la sua lunga e articolata cottura determina, non poteva che renderlo "piatto di grande apprezzamento" per chiunque.

Se poi si aggiunge che, legato a questo piatto, vi era la credenza di un effetto afrodisiaco (dato dalle creste e dai bargigli di gallo), ancor più si comprende come due mondi così diversi tra loro, quello semplice contadino e quello raffinato cittadino, abbiamo condiviso il mangiare Finanziera, un piatto ancora oggi aristocratica presenza in un vero pasto della Tradizione.

Il Robusto GRAN BOLLITO MISTO

E' un piatto semplice e al tempo stesso ricco della cucina piemontese, la cui preparazione è soggetta, ancora oggi anche se molto meno di un tempo, a regole rigide.

Per parlare di Gran Bollito Misto Piemontese è necessario che il piatto risulti composto da non meno di sette tagli di carni, scelti tra tenerone, stinco, scaramella, culatta, arrosto della vena, punta con suo fiocco, cotechino, testina, lingua, zampino, coda, gallina, di cui scaramella, testina e tenerone non possono mai mancare. Le carni vengono bollite a lungo in acqua con cipolla, sedano, carote, rosmarino, aglio e prezzemolo e servite caldissime. Le origini del piatto sono sconosciute, essendo uso bollire le carni sin dalla più remora antichità (Etruschi). Certamente era un piatto legato alla cultura contadina, ove tutto veniva utilizzato, compresi i pezzi meno nobili del bovino. Un grandissimo estimatore del Bollito Misto fu Re Vittorio Emanuele II, che aveva uso il farlo servire a Corte. La particolarità di questo piatto è nella inavvicinabile qualità della carne piemontese, che da secoli è ritenuta la più pregiata d'Italia.

Dal 1910, si tiene infatti a Carrù (Cuneo), riconosciuta capitale della carne piemontese, la Fiera Nazionale del Bue Grasso, ove viene celebrato, a fianco della premiazione dei migliori bovini, il Bollito Misto Piemontese.

Vista la quantità di carni che lo compongono, è oggi ritenuto un "piatto unico", mentre un tempo, allorché i pasti erano ben più sostanziosi, era "solo" un secondo da abbinare ad antipasti, primi, formaggi e dolce.

Ma non solo, un tempo il Gran Bollito Misto Piemontese esigeva il rigoroso rispetto della tripla, e non singola, regola del 7: sette tagli, sette bagnetti e sette contorni, come ben ricorda l'Astigiano avv.Giovani Goria, Accademico della Cucina.

I sette tagli di carni bollite obbligatori erano quelli già su indicati, a cui si univano sette bagnetti (Bagnèt

Verd, Bagnèt Ross, Salsa al Rafano, Salsa al Miele o Salsa d'Avie, Cugnà, Rubra, Salsa all'Aglio) ed i sette contorni (la lonza arrostita qual unica carne non bollita dell'insieme, patate bianche lesse, spinaci al burro, insalata di cipolle lessate in aceto, giardiniera, carote al burro, costine al burro. Incredibile ma vero: decenni addietro i piemontesi erano in grado di mangiare tutto ciò!

Ovviamente è ancor oggi rigorosa la regola di intingere le carni nel Bagnèt Verd, a cui può unirsi il Bagnèt Ross e la Cougnà, accompagnando le con patate bollite e, come avveniva nel Cuneese, con le verdure sotto aceto, dal peperone alla giardiniera, mentre è ahimè scomparso dal desco il Pum al Pis

LA PROLETARIA POLENTA

La polenta è storia antica di povertà, talmente antica da risalire alla notte dei tempi, visto che era già presente sulle tavole povere dell'antico Egitto.

Ovviamente ci si riferisce a polente realizzate con farine di legumi e cereali diversi dal mais, da cui si ricava l'odierna polenta, in uso da noi solo dal 1600 circa. Una polenta di mais su cui vi è peraltro ampio dibattito circa le origini, da taluno poste in Piemonte e da altri in Veneto.

Ciò che però non è mutato nei millenni, son le pagine di povertà assoluta di contadini e montanari che si legano al consumo di polenta, tanto da esser divenuta primaria rappresentazione della miseria con la famosa "Polenta ed Acciuga", che, per la leggenda, era un'acciuga appesa sopra al tavolo, su cui strofinare una fetta di polenta scondita, per darle una suggestione, più ancora che un sentore, di gusto.

Ma la polenta è sinonimo anche di grandi e gustose mangiate, quando, messa alla porta la miseria, la si accompagna con i migliori formaggi (antichissima Tradizione è il Bruss su fette di polenta fritta) o le succulente carni di Selvaggina o Coniglio al civet o in salmì, o di Bovino o Suino stufate (il classico Spezzatino), o ancora con il Pollo alla Cacciatora.

Ma anche nella povertà, la polenta ha sempre rappresentato gusto intenso, solo che, al posto della carne, la si accompagnava con il latte crudo di mungitura.

La polenta è quindi un incontrovertibile simbolo della dieta contadina e montanara, quasi estranea alle tavole del Palazzo; il Vialardi, cuoco e pasticcere di Casa Reale, nel suo famosissimo ricettario del 1854 riporta, infatti, solo tre ricette con la Polenta: Polentina con Sugo di Tartufi (una sorta di acconciatura della polenta con tartufo e burro), Polenta alla Borghese (polenta ricotta a fette in forno, con farcitura di panna e spezie) e Polenta ai Tartufi (dischi di polenta alternati a tartufo tritato impastato nel burro, poi leggermente impanati e fritti), tre ricette molto impreziosite che sono però lontanissime dalle robuste Polente di campagna e montagna.

Se questi erano i modi di consumare la Polenta di un tempo, è però vero che, pur essendo praticamente restati immutati oggi, ben diversa è divenuta la polenta che ordinariamente vien servita da metà '900.

Sino ad allora aveva infatti un gusto totalmente diverso da quella che, purtroppo, l'industria alimentare e l'agricoltura su larga scala ha subdolamente introdotto sui nostri tavoli. Ben pochi, e non vi è errore nell'affermarlo, possono oggi dire di aver mangiato la vera polenta; da oltre cinquant'anni l'umanità si ciba quasi solo più un insipido surrogato, prodotto con i mais ibridi ad alta resa propri dell'agricoltura industrializzata e, di quell'antica polenta realizzata con farina di mais ecotipi locali, detti anche "varietà pure", non v'è quasi più neppure il ricordo.

Molti oggi credono che la Polenta sia quel pastone giallo che cuoce in pochi minuti, come pubblicizzato dalle industrie: nulla di più falso!

La vera polenta non ha lo stesso giallo intenso e cuoce in circa 2 ore, se la farina usata è quella del mais di un tempo, genuino e non geneticamente manipolato.

Fortunatamente la coltivazione di alcuni di questi pregiati mais ecotipi (Pignulet giallo e rosso, Ottofile bianco, giallo e rosso, Ostenga, ecc.) è comunque riuscita a giungere sino a noi, grazie ad alcuni seri agricoltori locali, rispettosi della qualità e della Tradizione.

Sono antichi mais tardivi, coltivati nella parte bassa della Vallate Alpine piemontesi, che si caratterizzano con semi lucenti e perlacei dall'alto tenore proteico che, macinati nei mulini a pietra, permettono di riscoprire il gusto intenso e l'inconfondibile sentore della vera polenta.

In ultimo una curiosità: mentre la polenta veneta è tradizionalmente servita a fette, quella piemontese si serve a cucchiai, avendo consistenza inferiore.

IL CULTO DEL FORMAGGIO

IL FORMAGGIO NEI SECOLI

Il formaggio in Piemonte ha origini antichissime che affondano nella notte dei tempi. Nelle montagne piemontesi, l'arte di trasformare il latte in formaggio pare derivi delle invasioni Galliche del 600 a.C. Altri la attribuiscono, invece, allo stanziamento Celtico in Pianura Padana del 400 a.C.

Dato certo è comunque che, in epoca romana, la produzione di formaggi era diffusissima e di grandissima qualità.

Nel 218 a.C. (seconda guerra punica), Annibale valicò le Alpi e, come dice una leggenda dell'epoca, "*sceso dal Monginevro incrocia la razza*", in quanto i suoi soldati, affamanti dalla lunga marcia, ebbero a scoprire le "tome ", che piacquero a tal punto che molti cartaginesi decisero di non far più ritorno in patria, creando nuove famiglie con donne delle montagne della Valsusa.

I formaggi piemontesi sono estremamente vari, vanno da quelli dal sapore forte, su tutti il leggendario Bruss, a quelli delicati (Toma d'Alba), da quelli a lunga stagionatura (Murianeng) a quelli da consumarsi freschi (Sairass).

Per ogni palato vi è il giusto sapore. Non si esagera se si afferma che la produzione del Piemonte è superiore, per tipologia, a quella di tutto il resto d'Italia, tant'è che a Bra (Cuneo) si svolge la più importante fiera europea del formaggio (Cheese).

E d'altra parte, l'antico DNA gallico, in comune tra Francia e Piemonte, non può non aver tra le sue informazioni genetiche anche il formaggio, quel formaggio che fece dire a Charles de Gaulle, riferendosi alla Francia: "*Come volete governare un paese ove esistono 246 varietà di formaggio?*", facendo così ben comprendere quanto il formaggio, più di ogni altro alimento, identifichi un popolo e le sue innumerevoli sfaccettature

Un formaggio ove la parte del leone la fa ovviamente la montagna, anche se le ricche colline, in particolare del Cuneese, non sono da meno nel creare miracoli di gusto, partendo dal latte bovino o caprino che richiama nel sapore la flora presente.

I PRINCIPALE FORMAGGI PEDEMONTANI

BRÙSS: *è certamente il più tipico e il più raro dei formaggi piemontesi. E' cremoso, fortemente odoroso e dal gusto molto forte.*

La sua origine risale alla notte dei tempi; già gli antichi romani risultarono sorpresi da un formaggio liquido "che uccideva il naso e la gola", trovato tra i popoli allora abitanti il Piemonte.

Lo stesso nome Brùss risulta antichissimo e di derivazione romana: in un documento del 1193 si parla infatti di un formaggio piemontese dal gusto ed odore molto forte chiamato "Brosus".

Il Brùss si conserva in vasi cilindrici di terra cotta e, maggiore è l'invecchiamento, migliore è il suo gusto. Quello Langarolo, il più pregiato, si produce facendo fermentare le famose "Tome d'Alba" per non meno di 2-3 mesi nel latte, aggiungendovi della grappa. Un vero formaggio per uomini dallo stomaco (e naso) robusto.

Unico, per sapore, se poi vanta stagionature superiori a due o tre anni.

CASTELMAGNO: *secondo la leggenda, questo nobile formaggio deve il suo nome al Santuario di San Magno, edificato in memoria di un soldato romano martirizzato sulle montagne tra Cuneo e Saluzzo, sua zona di produzione. E' quindi un prodotto antichissimo, già apprezzato nell'anno 800, di cui fu consumatore Carlo Magno, così come lo furono successivamente i Papi di Avignone.*

Nel 1277, in una sentenza arbitrale, il Marchese di Saluzzo obbligava il Comune di Castelmagno a versare un canone annuo di sette forme di formaggio Castelmagno e, all'epoca, una forma valeva circa dodici denari. Da sempre ambitissimo, per una contesa su questo formaggio, Cuneo e Saluzzo combatterono per anni, fu il primo formaggio piemontese ad andare (1800) sui mercati internazionali.

Sensazionale come gusto e profumo, è un formaggio di latte bovino che richiede una lunga stagionatura, sino a divenire talmente friabile da rendere impossibile tagliarlo a fette. Ottimo sia per il consumo che per la cucina, si può definire il più famoso dei formaggi piemontesi, anche se oggi è raro gustarlo nella sua piena fragranza di alpeggio, essendo divenuto, per la grande richiesta, un prodotto proprio di molte industrie. Restano però fortunatamente ancora attive alcune bergerie, ove viene fatto come un tempo, a contrastare la nefasta attività industriale.

CEVRIN DI COAZZE: *è un formaggio prodotto da secoli nel piccolo paese montano della Val Sangone, che nacque utilizzando il latte misto, vaccino e caprino (almeno il 40%), munto nei pascoli dalla primavera all'autunno.*

Il latte viene riscaldato alla temperatura di almeno 40 gradi e cagliato. Posto in piccole forme (il diametro non supera i 18 centimetri e il peso varia dagli 800 ai 1400 grammi) a spurgare in fuscelle d'acero o di frassino e salato a secco, stagiona almeno due mesi in grotte o cantine aerate e fresche.

La sua pasta morbida e cremosa, il sapore speziato e di nocciola fu apprezzato anche da un villeggiante illustre di Coazze, proveniente da lontano: Luigi Pirandello.

Il Cevrin di Coazze è presidio Slow Food e prodotto del Paniere della Provincia di Torino.

MURIANENG: *è un formaggio erborinato, che va consumato non prima di 3 o 4 mesi di stagionatura, ed è ottimo anche quando supera l'anno di invecchiamento.*

Deve il suo nome alla Val Moriana, in Savoia, ed è prodotto, attraverso tre successive cagliate, in pochissime aziende nei pascoli dell'Alta Valle di Susa e val Claree, da latte intero di vacca, raramente mescolato a latte di pecora o capra.

La pasta è caratteristicamente friabile, con una punta di piccante che lo rende eccezionale anche per la cottura.

Deve ascriversi, purtroppo, ai prodotti alimentari in via d'estinzione; stante la complessità della sua lavorazione, il costo di produzione e, principalmente, l'assurdo divieto, motivato da incomprensibili misure di igiene e sanità degli alimenti, di stagionare i formaggi su ripiani di legno in ambienti molto umidi.

Se lavorato sull'acciaio anche il pattume industriale è permesso, mentre il sano formaggio di bergeria, da secoli lavorato sul legno, è invece divenuto vietato.

RASCHERA: *in un contratto d'affitto della fine del '400, trovato nell'archivio municipale di Pamparato, si legge che un nobile del luogo pretendeva* "quel buon formaggio che lassù si fa da pastori che menano le loro mucche a pascolar l'erba del prato Raschera".

Formaggio di latte bovino dell'Alpe Raschera, sita in territorio di Magliano Alpi (Cuneo), è a pasta semidura, di colore bianco avorio e deve essere stagionato per un periodo minimo di trenta giorni.

Formaggio che era in via d'estinzione, è stato salvato nel 1976, attraverso la creazione della "Confraternita della Raschera", che ha dato tutela ed impulso alla sua produzione.

REBROALPIN: *è un formaggio dalla pasta morbida di latte intero di vacca che va gustato a media stagionatura (a 20/60 giorni dalla produzione). Prodotto con latte vaccino intero, ha forma cilindrica con diametro di circa 12 centimetri e crosta sottile di colore rosaceo o scura. La pasta è morbida, a volte con leggere occhiate, di colore giallo paglierino ed è ottimo anche in cottura.*

E' prodotto nelle Valli di Susa, Chisone e Canavese con materiali tradizionali (legno di contenimento e stagionatura in grotte naturali). Noto anche sul versante francese delle Alpi ove è chiamato Rebrochon.

ROBIOLA D'ALBA: *è un tipico formaggio contadino di collina, la cui storia, pur secolare, non è però mai uscita dalle piccole cascine Langarole ove si produceva. E' oggi il più prestigioso formaggio di puro latte bovino di Langa.*

Prodotto in piccole formaggette di pasta bianca composta e burrosa, dal sapore tendente al dolce, è ottimo sia fresco che leggermente maturo (un paio di mesi). In particolare, quando le formaggette maturano, producono una crema esterna giallognola dal sapore intenso e inebriante.

E' il formaggio più indicato per la produzione del Brùss. Figlia della stessa terra, è ottimo cosa metterla in "odore di tartufo", ricoprendola con un velo del magico fungo di Alba.

SAIRAS DEL FÈN: *è una ricotta stagionata, tipica delle Valli Valdesi, tonda e chiara, avvolta nell'intreccio verde e sottile dei fili di festuca (fieno). Il Sairas del Fèn ha gusto delicato e saporito ed appartiene da sempre alla Tradizione casearia della montagna Torinese.*

Viene prodotto riscaldando il siero di latte vaccino, ovino e caprino, in purezza o misto, cui si aggiunge latte intero vaccino, ovino o caprino, ottenuto dalla mungitura di animali allevati ad una quota superiore ai 600/700 metri di altitudine.

Pressato, salato e posto a stagionare, per non meno di 25 -30 giorni, avviluppato nel fieno di festuc, il Sairas era formaggio già noto nel tardo Medioevo come Seracium. Profuma di freschi pascoli montani ed è ottimo anche per cucinare.

E' presidio Slow Food e prodotto del Paniere della Provincia di Torino.

TESTUN: *è un formaggio piemontese, di latte ovino e caprino con minime aggiunte di latte bovino, delle montagne della Val Casotto e della Valle Grana (Cuneo), il cui nome deriva dal dialettale piemontese "testun", che significa "testa dura".*

Maturato in cantine buie, prima di essere "ubriacato" con vinacce di Nebbiolo in piccole botti di legno di rovere, è spettacolare nel gusto, caratterizzato da sentore di buoquet di fiori e di erbe (a seconda del pascolo può prevalere il timo, la camomilla o la menta), ed arriva ed offrire profumi di caramello nelle forme più stagionate.

Deve però ascriversi, purtroppo, ai prodotti alimentari in via d'estinzione, in quanto, stante la complessità della sua lavorazione, è oggi divenuto solo più un prodotto di nicchia per grandi intenditori.

Sopporta due o più anni di stagionatura ed è prodotto in tomette da circa 250 grammi l'una.

TOMA DEL LAIT BRUSC: *è una straordinaria Toma, prodotta nel periodo estivo nei pascoli delle Valli di Susa, Sangone e Lanzo attraverso un processo di acidificazione del latte. La precipitazione della cagliata avviene per acidificazione e non per aggiunta di caglio.*

Si ottiene così una Tomaa dal sapore particolarmente fresco e dalla pasta friabile, con accenti di erborinatura. Si gusta dopo non meno di due mesi di stagionatura. Tradizionalmente prodotta in alpeggio con il latte della mungitura serale, un tempo era il pasto dei margari ed un buon modo di utilizzare il latte di fine stagione, quando le mandrie in alpeggio si riducevano di numero.

E' un Prodotto del Paniere della Provincia di Torino.

TOMA DI ALPEGGIO: *sin dal 300 a.c. si trovano notizie sulle Tome prodotte sulle montagne della Val susa, di cui, peraltro, molto scrisse Plinio il Vecchio.*

Da allora, le cronache non hanno mai mancato di ricordare le Tome prodotte su queste montagne, con latte vaccino e stagionate da 20 a 90 giorni, ed, ancora oggi, le gustose Tome di Alpeggio, nei loro vari gradi di stagionatura, continuano ad essere prodotte da piccoli caseifici nel pieno rispetto della Tradizione secolare, con sapori e genuinità certamente sconosciuti alla purtroppo diffusa produzione industriale.

TOMA DI MURAZZANO: *la sua storia è antichissima; già Plinio il Vecchio, in uno dei suoi 37 volumi della "Naturalis Historia", racconta che, quando i romani conquistarono le alte colline della Langa, scoprirono gustose "rebeole" fatte con latte di pecora.*
Siamo tra il 200 ed il 100 a.C. e questo formaggio, che ha ormai 2200 anni, è ancora oggi prodotto come un tempo: latte di pecora in forma di piccola robiola tonda, pulita in superficie, da gustarsi dopo sei-otto mesi di stagionatura.
La caratteristica fondamentale del suo sapore, peraltro ottimo anche in cottura, è dato dalla presenza, tra le erbe di cui si nutrono le pecore, di ibridi di orchidea selvatica, assai diffusi nell'Alta Langa verso il confine con la Liguria.

I DOLCI STORICI

PIEMONTE TERRA DI DELICATEZZE

Il Piemonte, insieme alla Sicilia a al Napoletano, è la regione più ricca di dolci d'Italia, essendo stata sede di reggia. Il piacere del dolce e del dolcetto, magari da mangiucchiare durante la giornata, non bisogna mai dimenticare che ha le sue radici nelle grandi corti, dove c'era il tempo per un dolce oziare in salotto.

I dolci piemontesi sono peraltro infiniti e vanno dalle torte alle creme da cucchiaio, dalla piccola pasticceria alle ricercate lavorazioni del cioccolato, di cui Torino, insieme a Perugia, è capitale non a caso...

In Piemonte sono stati creati dolci che oggi sono simbolo dell'Italia nel mondo, basti pensare al Giandujotto, o sono divenuti propri del mondo dolciario di tutto il pianeta, come lo Zabajone.

Un ricettario del 1850 del pasticcere di Casa Savoia, porta la bellezza di ben 121 ricette di dolci ad uso della Corte Piemontese. Comunque, se è vero che la produzione dolciaria era per lo più caratteristica delle cucine nobiliari, è altrettanto vero che anche nelle campagne, pur limitatamente al giorno festivo, non si scherzava.

Certo erano dolci diversi.

Raffinatissimi e delicati quelli dei palazzi nobiliari, decisi e gustosi quelli di cascina. Insieme tra loro, un panorama di sapori infinito, che però, ultimamente, le tante pizzerie e, purtroppo, anche alcune finte osterie hanno oltraggiato, servendo collosi e insipidi budini spacciandoli per "Panna Cotta" e "Bunèt", o gessose forme di pane mal fatto e ricoperto di marmellata industriale, presentate come crostate. Per non parlare degli ignobili dolci industriali, in scatola o in bustina "solo da versare nel latte ", spacciati per tradizionali piemontesi.

PRINCIPALI DOLCI PEDEMONTANI

BUNÈT: *è il più famoso dei dolci piemontesi da cucchiaio, anche se la sua storia risale solo al tardo 1700.*

È un piatto molto elaborato purtroppo in estinzione, "detronizzato" dai facili ed insapori budini fatti con una busta di polvere versata nel latte o, peggio ancora, sostituito con orrendi e gommosi composti scuri a base di colla di pesce che le pizzerie, e molti ristoranti, spacciano per Bunèt.

Questo dolce era proprio del Piemonte meridionale (Cuneese e Astigiano) ed il suo nome deriva dal nome dallo stampo da cucina "Bunèt" di rame stagnato, da cui prese il nome anche il tipico berretto popolare piemontese da uomo: al bunèt.

Il vero Bunèt è prodotto con latte, non meno di 12 uova ogni litro di latte, amaretti, cacao, caffè (una volta si usava la "mare" del caffè fatto a pentolino), zucchero e liquore (un tempo i tipici amari di casa, poi sostituiti dal Fernet).

Il Bunèt, da circa 200 anni, è il tradizionale piatto che chiude i pasti campagnoli. Un tempo veniva cotto rigorosamente a bagnomaria sulla stufa e, durante la cottura, la massaia poneva ripetutamente sul coperchio la brace prelevata dalla caudera, onde crostarne, con il leggero calore della brace, la parte superiore.

Questa cottura oggi ovviamente non esiste più e, spesso, invece che sulla fiamma ed a bagnomaria, viene cotto al forno, alterandone grandemente l'autentico sapore.

CIAPE 'D NONA ALL' AMARETTO: *uno storico e classico dolce del Piemonte, fatto con mezze pesche, cotte in padella nel vino, riempite con una pasta composta da cioccolato e amaretto.*

Il suo nome deriva dalle sembianze che la mezza pesca, cuocendo, assume: tonda, raggrinzita e molle, a somiglianza delle chiappe di una nonna, che, in dialetto, sono, per l'appunto, le "ciape 'd nona".

Un dolce che porta in se tre eccellenze piemontesi: pesche, cioccolato ed amaretto.

CROSTATA ALLA MARMELLATA: *nello storico libro di Toussaint-Samat, "La très belle et très exquise histoire des gateaux et des friandises" viene citato che la "Tarte" medioevale era fatta con un sottofondo di impasto burroso dolce farcito di frutta lavorata (l'attuale marmellata), mentre per la "Tourtes" si usavano altri ingredienti.*

E' la prima antichissima distinzione tra le crostate e le torte ed il termine "Tarte" è proprio della "langue d'oil", che molta influenza ebbe sul Piemonte. Ovviamente non sappiamo se ciò possa accreditare l'origine piemontese della crostata, mentre la torta era già ben nota all'epoca gallo-romana ed era tipica dell'attuale Francia, però possiamo tranquillamente dire che, mentre già nel Medioevo in Piemonte si mangiava questo superbo dolce, nel resto d'Italia il medesimo è rimasto sconosciuto sino almeno al 1700.

FOCACCIA DI SUSA: *questa focaccia, risalente solo all'inizio del 1900, è un dolce semplice, che si presenta come una forma di pane grande. La pasta è dolce e ricoperta di zucchero grossolanamente glassato. I panettieri formano sulla superficie della focaccia alcune decorazioni, le più comuni rappresentano una stella, un cuore, una colomba o un ferro di cavallo e vengono scelte a seconda delle occasioni.*

Per la festività dell'Epifania, si usa mettere nell'impasto una fava. La ricetta è propria di un fornaio di Susa, Favro, i cui discendenti continuano a produrla. Ottima ricoperta di miele o marmellata o zabajone.

FRICIEUJ 'D PUM: *dalla grande storia piemontese di coltivazione delle mele, in particolare nel Saluzzese, deriva questo gustoso dolce, fatto di fette di mela, impastellate dolci e fritte nel burro.*

GOFFRI: *dolci tipici della Valle di Susa, i Goffri vengono preparati sin dal Medioevo (allora si chiamavano "ne bule" e si rifacevano alla produzione tradizionale delle ostie per la messa). Era il dolce che allietava le occasioni importanti: i matrimoni, le feste patronali, il carnevale. Ancora oggi la preparazione è affidata a una paziente lavorazione manuale: dall'impasto a base di farina si ottiene un liquido denso, che viene cotto fra piastre roventi esposte al fuoco vivo. Queste cialde conservano tuttora la loro antica forma tradizionale e sono ottime con miele o marmellata. Ultimamente si gustano anche "al salato", con formaggio, salumi e lardo. Sono un prodotto del Paniere della Provincia di Torino.*

MARTIN SEC AL VIN: *altro tipico dolce a base di frutta proprio delle antiche tradizioni culinarie piemontesi, che utilizza una pera tutta piemontese, il cui consumo è sempre stato solo in cottura: il Pruss Martin. Le pere vengono cotte al forno in zucchero e vino rosso corposo, aromatizzato con chiodi di garofano, sino ad arrivare a creare una sorta di caramello liquido con cui si cospargono le pere così cotte.*

MONTE BIANCO: *è un dolce da cucchiaio di pura derivazione pasticcera e non contadina, che taluno riporta alla Tradizione francese, altri a quella piemontese.*
Si ritiene risalga a circa 100 anni addietro.
Viene preparato in casseruola, con un purè di castagne mischiato a liquore e cacao. AI centro viene ricavato un foro, che viene poi riempito di panna montàta, onde dargli la sembianza di una cuspide innevata, eguale alla cima del Monte Bianco, da cui prende il nome.

PANNA COTTA: *questo delicatissimo e storico dolce al cucchiaio di pura Tradizione piemontese ha, purtroppo, avuto la stessa sorte del Bunet: orrendi budini industriali o gommosi ed ignobili preparati collosi spacciati dalle pizzeria per "Panna Cotta".*
È un dolce dei contadini di Langa, fatto con la panna scremata dal latte appena munto miscelato a vino passito; una sorta di flan bianco ricoperto di zucchero caramellato. La sua storia sembrerebbe ben più recente di quella del Bònet, in quanto pare risalga solo ai primi del 1900 e debba ascriversi ad una signora ungherese trasferitasi in Langa, e precisamente a Roddi, che riprodusse, in forma dolce, un tipo di cottura della panna, in forma salata, tradizionale del suo Paese.

SAVOIARDI 'N SUPÀ (*TIRAMISÙ*): *sino a pochi anni addietro, il dolce tanto diffuso oggi e chiamato "Tiramisù", era assolutamente sconosciuto, ma in Piemonte vi era un dolce similare che era tradizionalmente preparato sul momento dalle nonne per la merenda dei bambini.*

Questo dolce, dal generico nome "Savoiardi 'n Supà" (Savoiardi Bagnati), era fatto con biscotti savoiardi inzuppati in vino passito (spesso si usava anche il Moscato o il Marsala), poi ricoperti con una crema dolce di mascarpone e, quindi, affogati nel cioccolato.

TORTA DI NOCCIOLE: *spettacolare torta dura, fatta con le pregiatissime nocciole Tonde Gentili di Langa che si conserva anche più giorni. Un dolce da sempre irrinunciabile in ogni pasto marchiato Langa, ove è uso servirla ricoperta con lo Zabajone caldo preparato sul momento.*

Torta contadina un tempo, oggi è diventata uno dei dessert più ricercati dai grandi gourmet, per l'eccellenza della nocciola con cui si prepara.

ZABAJONE: *lo Zabajone è certamente il più noto, a livello planetario, dei dolci piemontesi, nonché base di decine e decine di dolci, arrivando persino ad essere un gustoso gelato di crema.*

La sua creazione la si deve al frate francescano Pasquale de Baylon, che, nel millecinquecento, operò nella chiesa San Tommaso di Torino via Monte di Pietà.

Baylon, in parallelo all'esser uomo di chiesa, fu infatti anche un grandissimo cuoco che, alle penitenti che lamentavano la scarsa vivacità dei propri i consorti, consigliava loro di fargli mangiare una "bevanda densa e calda approntata unendo tuorlo d'uovo a zucchero e due gusci d'uovo di vino vecchio ed uno d'acqua"... nulla di diverso dagli ingredienti del moderno zabajone.

Di lui la leggenda narra poi che, il 17 maggio 1592, durante il suo funerale e già irrigidito dalla morte, abbia riaperto gli occhi per fissare il pane e il vino della mensa eucaristica, rendendo così l'ultima testimonianza del suo amore al divino sacramento ed al cibo.

Nel 1690, questo grande frate cuoco venne consacrato Santo da Papa Alessandro VIII, entrando nella storia come San Baylon, protettore dei cuochi e la sua magica ricetta salva matrimoni, divenne automaticamente il "sanbaiun" che, italianizzato dal piemontese, si trasformò in Zabajone.

Assolutamente fasulla deve invece ritenersi, anche perché senza alcuna documentazione storica a differenza di quella che lo lega a San Baylon, la storia che farebbe risalire lo Zabajone a un Capitano di Ventura emiliano, sempre del 1500, chiamato Giovanni Baglioni.

PICCOLA PASTICCERIA, BISCOTTI E CIOCCOLATINI

Parlando di dolcezze piemontesi da palato, non si può tralasciare la storica Tradizione, che ha reso famoso il Piemonte nel mondo, dei piccoli pasticcini, dei biscotti e dei cioccolatini.

È infatti esclusiva pedemontana la piccola pasticceria, fatta di spettacolari paste secche da utilizzarsi come dolce di fine pasto, quali, solo per citarne alcuni, **AMARETTI** (Asti e Alessandria), **BACI di DAMA** (Alessandria), **BISCOTTI di NOVARA** (Novara), **CANESTRELLI** (Canavese), **KRUMIRI** (Casale Monferrato), **LINGUE di SUOCERA** (Rocchetta Tanaro), **MARGHERITINE di STRESA** (Lago Maggiore lato piemontese), **MIACCE** (Valsesia), **MIASSE** (Ivrea), **MOSTACCIOLI** (Cuneo),

NOCCIOLINI di CHIVASSO (Chivasso), **OSSA DA MORDERE** (Vercelli), **PAN D'OROPA** (Biella), **QUAQUERE di GENOLA** (Saluzzo), **SANGIORGINI di PIOSSASCO** (Torino), **STINCIIETT** (Verbania), **TORCETTI** (Torino), **VIOLETTE CANDITE** (Cuneo). Tutte delizie da gustarsi con un bicchiere di vino dolce o passito, magari imbevendole per meglio miscelare i due sapori sul palato.

A fianco dei piccoli dolci secchi, non mancano poi quelli, sempre piccoli, freschi e ripieni di crema allo Zabajone: le **BIGNOLE**, così come non manca il **TORRONE DURO**, di cui il Gallo d'Alba (patria della nocciola con cui è prodotto) è Capitale riconosciuta a livello mondiale.

Che dire poi della storica Tradizione della lavorazione della frutta, che, partendo dalla **FRUTTA SCIROPPATA** (pesche e ciliege su tutte), arriva all'apoteosi di sapore con il pregiatissimo **MARRONS GLACÈS** o alle antichissime confetture quali la **MOSTARDA D'UVA O DI MELE**, ottime sia come salsa per le carni che come dolce spalmato su crostoni di pasta frolla burrosa.

Ed infine il cioccolato. Un cioccolato lavorato alla piemontese, ovvero morbido e spesso con le nocciole, da cui sono stati creati sapori inarrivabili, quali la **CREMA GIANDUJA** (anche detta, se lavorata in chiaro, **CREMA GIACOMETTA**, dal nome della moglie di Gianduja), il **CREMINO TORINESE**, i **CUNEESI** e quello che è il cioccolatino più famoso al mondo, simbolo della Tradizione dolciaria piemontese: il **GIANDUJOTTO (Giandojot)**, di cui è interessante ripercorrerne le origini.

Durante il blocco economico ordinato da Napoleone per i prodotti dell'industria britannica e delle sue colonie, i cioccolatai piemontesi aggiunsero all'impasto di cioccolato, sostituendo così in parte l'allora introvabile e costosissimo cacao, la nocciola Tonda Gentile delle Langhe (più economica e facile da reperire), creando, nel 1806, l'impasto gianduja, con venne successivamente (1860) prodotto il giandojòt (come viene chiamato in piemontese), con la sua forma inconfondibile di barca rovesciata e primo cioccolatino a essere incartato singolarmente, rigorosamente in carta dorata.

In ultimo un altro fatto storico poco noto.

La **CARAMELLA** è nata in Piemonte verso la metà del 1800 ed è dilagata ovunque nel mondo, portando nella lingua italiana il termine "caramela", proprio del dialetto piemontese. Un dolce che deriva da un dolciume altrettanto piemontese: il **Lecca-Lecca**, risalente al 1700 ed un tempo chiamato "**Dus Gianduja**", che veniva realizzato, in particolare in occasione del Carnevale, in dischi rotondi medio grossi da leccarsi.

I COMPLEMENTI DEI PIATTI

Foto Azienda Agricola Giuliano Vitton (Sauze d'Oulx)

TANTO IN TAVOLA CHE IN CUCINA

Ovviamente molti piatti della Tradizione piemontese necessitano di complementi, vuoi come contorno, vuoi come anima del sapore finale.

Ebbene, anche in ciò, la Tradizione gastronomica piemontese è ricchissima, sia perché legata alla cultura francese delle salse e sia per la grande capacita del territorio di fornire verdure e frutti di qualità eccelsa.

A ciò corre poi unire quei complementi che sono primariamente di cottura, tra cui certamente primeggia il burro, tanto sul cotto che sul crudo, con i salumi, con le acciughe o con le marmellate... senza dimenticare quanto è buona la merenda dei bambini di un tempo, fatta di una semplice fetta di pane spalmata di burro e spolverata di zucchero.

In questa breve carrellata, andremo quindi ad evidenziare alcuni di questi complementi di cucina, perché se è importante soffermarsi sulle materie prime di un piatto, non è certo meno importante porre l'attenzione, in una vera filosofia del mangiare genuino e tradizionale ed a chilometro zero, anche su quelli che devono essere i giusti complementi del piatto stesso.

In chiusura una nota per la Trifula, ovvero il tartufo bianco di Alba, vero re di ogni sapore ed autentico e univoco simbolo ed emblema della magnificenza della cucina piemontese.

ACCIUGHE SOTTO SALE: *l'uso dell'acciuga, come testimoniato dalla Bagna Cauda, è una diffusa e storica Tradizione piemontese, probabilmente portata in Piemonte dagli Antichi Romani. Ovviamente, per la distanza dal mare, si tratta di acciughe conservate sotto sale.*
*Un piatto squisitamente piemontese fatto con le acciughe, sempre presente nelle note "merende sinoire", è l'**ANCIOA AL VERD**, semplicissime acciughe salate, ben lavate, messe in una terrina e ricoperte con il Bagnèt Verd; un piatto che in Torino città prende il nome di Barice al Verd, in quanto l'acciuga, nel dialettale cittadino, è chiamata "baricia", dalla posizione dei suoi occhi che, compressi nei contenitori sotto sale, diventano strabici, in dialetto piemontese "baric".*

Un avvertimento per gustarle al meglio: si mangino almeno un giorno dopo la preparazione.

AGLIO: *l'aglio è certamente uno dei gusti principe della cucina piemontese ed è diffusamente coltivato in Piemonte sin dalla notte dei tempi, come testimoniano vari documenti di epoca romana. Particolarmente pregiato risulta quello del Chierese.*
Un tempo, in tutte le cucine di cascina, faceva belle mostra di una ricca treccia di teste d'aglio.

BRODO: *una regione come il Piemonte, che ha nella carne un'eccellenza assoluta e nel non sprecare nulla, neppure la sua acqua di cottura, la filosofia di cucina, non può non avere nella propria Tradizione culinaria il Brodo.*
Un Brodo gustoso e ricco prodotto con la carne che, in particolare da metà 1700 e sino a metà del 1900, era un punto fermo di ogni banchetto e veniva bevuto dalla tazza tra i primi ed i secondi piatti… una sorta del meridionale sorbetto, ma molto più consono ad una buona digestione.
Quel Brodo, arricchito con gli Agnolottini da brodo (Agnolotti eguali a quelli classici ma di circa un terzo di dimensione) o con un uovo rotto direttamente nelle tazza fumante, diveniva poi il primo piatto di una cena leggera. Si narra che Re Vittorio Emanuele II, dopo le grandi libagioni e il tanto alcol ingurgitato, fosse uso bere un paio di tazze di buon brodo caldo, per rimettersi in forma per le sue celebri notti d'amore con l'amante di turno.
Il Brodo, in Piemonte, è inoltre base di varie cotture, a partire dalle famose zuppe piemontesi, per arrivare a salse e secondi piatti.

Il Vialardi, cuoco reale, scrisse che "per fare l'ottimo brodo si richiedono le carni dell'animale recentemente ucciso e le parti più muscolose, come la coscia, la culatta, lombata, spalla. Le parti cartilaginose come nervi, tendini, ossa e pelle danno il brodo torbido, biancastro e insipido, utile solo per fare la colla con cui si fa ottima gelatina".
Ma non solo il bovino era la carne da brodo.
Specie tra i benestanti, un brodo fortemente apprezzato era quello di gallina, meglio se vecchia, mentre il brodo magro lo si otteneva da rane e legumi.
AI Brodo si riconoscevano inoltre, specie dal Medioevo e sino al 1700, preziose virtù medicamentali, tant'è che si ha notizia di ricette curative di quell'epoca a base di Brodo: "BRODO DEL DIGIUNO" (per sopravvivere durante il digiuno quaresimale) di bovino, lenticchie e cavolo, "BRODO PER MALATI" di bovino e di gallina, "BRODO RINFRESCANTE" di rane e bovino con rape ed indivia, "BRODO RINFRESCATIVO DISSETIVO" di coscia bovina tritata con semi di melone schiacciati e uva passa; "BRODO DEPURATIVO" di bovino con cicoria, "legnosanto, dulcamara e salsapariglia".
Pochi, poi, sanno che il bere una tazza di Brodo molto grasso, dopo abbondanti bevute limita gli effetti nefasti dell'alcol… motivo più che valido per cui un non mancava mai il pentolone del Brodo sulla stufa.

BURRO: *dire burro è dire montagna piemontese. Dai pascoli in quota, grazie alle profumate e fresche erbe di montagna, arriva ottimo latte, che la secolare tecnica dei margari trasforma in delizioso e gustoso burro.*

Non certo quel burro bianco, gessoso e senza sapore, che lascia un untume persistente sul palato, qual è il burro industriale, ma un burro profumato, cremoso e giallo che è vera delizia e perfetto strumento per la valorizzazione, a crudo o in cottura, di moltissimi piatti. Trovarlo, ancora oggi, non è difficile, basta superare la pigrizia della spesa al supermercato a tutti i costi e recarsi in una bergeria, di cui son ricchissime le nostre montagne.

FONDUTA: *parlare di Fonduta è parlare di valle D'Aosta e Svizzera, non certo di Piemonte. La cosa è però vera solo a metà. Certamente la classica Fonduta dolce, fatta con la fontina, è tipicamente Valdostana, così come lo è della Svizzera quella dal gusto secco e duro.*
In Piemonte la Fonduta è infatti un'altra cosa.
Più presente sulla tavola del Palazzo che non della cascina, in Piemonte non è propriamente un piatto, ma piuttosto un condimento a base di formaggio e uova, utilizzato sia per condire i Tajarin che quale compendio di Flan di Verdure o Cotechino.
Solo nel 1800 entra, infatti, nella pratica piemontese l'utilizzarla come piatto, sullo stile Valdostano e Svizzero, in cui intingere crostini di pane profumati con l'aglio, a volte ricoperta con il tartufo.
In Piemonte, la Fonduta, proprio perché nasce come complemento di altri sapori, non ha un preciso formaggio di riferimento, come la fontina per quella Valdostana. In base al sapore a cui veniva abbinata, si utilizzava il formaggio più adeguato. Sempre Tome di Alpeggio, ma dai sapori molto diversi tra loro.

FUNGHI: *pur non potendo certo vantare un'originalità piemontese, è però vero che da secoli nella cucina della regione si* *fa largo uso del fungo di ogni genere: dal rarissimo Fungo Reale (Cocòna), al pregiato Porcino, per poi andare alle Crave rosse e nere, alla Famigliola (Famiola), al Gallinaccio (Garitula), alla Spugnola, al Pinaiolo, al Trun, alle Mazze di Tamburo...*

Il fungo piemontese è peraltro un fungo di ottima qualità e rigorosamente presente nei pasti autunnali, in particolare nelle montagne del Torinese e del Cuneese.

La Tradizione piemontese lo vede principalmente cotto in umido nel burro, con solo prezzemolo ed assolutamente senza aggiunta di conserve di pomodoro, ma non è raro trovarlo cucinato come complemento di piatti più importanti o come ragù per tajarin ed agnolotti. Particolare è poi la cottura tipica del cebano in burro e rosmarino.

GIARDINIERA: *la giardiniera è l'antico metodo di conservazione piemontese delle verdure miste. Le donne di campagna sminuzzavano gli ortaggi di stagione e li ponevano in barattoli pieno di aceto, per usarli nella preparazione dei piatti o come accompagnamento di alcuni di essi durante tutto l'anno.*

Il termine, peraltro, deriva da "Giardino Piemontese", con cui un tempo si indicava il piatto di verdure crude miste di stagione, che veniva messo in tavola come generico contorno o come necessario complemento per la Bagna Cauda.

OLIO: *anche se può apparire strano, è un condimento di antichissima produzione anche piemontese.*

Sin dall'epoca romana, il Piemonte era infatti ricco di uliveti, in particolare nell'Alessandrino, anche se non mancavano uliveti sin'anche nelle aree alpine, tra cui la conca di Condove in Valsusa.

Nel 1155, il cronista storico Gontero descrive la distruzione di Chieri da parte del Barbarossa come terribile, per la grande perdita d'olio derivante dalla distruzione dei ricchi uliveti della collina di Torino. Nel 1566, per il banchetto di incoronazione di Papa Pio V, il cuoco Bartolomeo Scappi elaborò un menù con ben undici portate preparate con l'olio e le olive di Tortona, tra cui le "Olive di Tortona con zucchero e sua salimoia sopra".

L'olio piemontese era però estremamente caro, per la non eccelsa produttività delle varietà di ulivi presenti sul territorio, e l'avvento dei grandi scambi commerciali del 1800, lo portò a essere sostituito con l'olio Ligure di minor costo.

Nel 1928, scrive lo storico Dino Gribaudi, "solo piccolissimi uliveti sopravvivono nel Canavese e nel Monferrato, purtroppo però non più curati". Dall'inizio del 1900, conseguentemente, l'olio in Piemonte diviene sinonimo di olive taggiasche liguri.

PATATE DI MONTAGNA: *purtroppo l'epoca moderna, l'epoca della patata surgelata e già tagliata, l'epoca delle patate olandesi, l'epoca della patata fritta in friggitrice, ci ha portato a considerare le patate tutte eguali ed a abituarci al consumo di insipide e grossolane patate di pianura, spesso neppure italiane, dal bassissimo costo e coltivate industrialmente, senza far riposare, come è Tradizione contadina di un tempo, il terreno.*

Le patate buone sono però tutt'altra cosa.

Intanto è bene ricordare che la patata migliore vuole il terreno montano tra i 1000 ed i 2000 metri di altitudine e poi occorre sapere che vi sono diverse varietà ed ognuna ha le proprie caratteristiche organolettiche e di utilizzo.

Per friggere occorre usare la bianchissima patata Angria, per bollire la patata Desiree dalla buccia rosata; per gli gnocchi la Spunta e, per l'umido, le piccolissime patate a pasta violacea. Questa è l'antica cultura e Tradizione montana di questo tubero, da secoli (metà 1700) alimento principale di vaste aree del Piemonte.

Da alcuni anni la nostra montagna finalmente ha ricominciato a valorizzare questo suo antico patrimonio e, tra le molte aree che hanno riproposto le antiche varietà di patate di montagna, un ruolo di primo piano l'ha avuto Sauze d'Oulx, sulle montagne della Valsusa.

In relazione alla patata è poi interessante sapere che, nonostante sia giunta in Europa già a fine 1500, solo nel 1700 si iniziò a consumarla, in quanto, crescendo sotto terra e non essendo citata dalla Bibbia, era ritenuto un alimento del Diavolo. Il suo utilizzo avvenne solo e per necessità di sopravvivenza, dopo le grandi carestie del 1600 ed inizio 1700, e, in quell'epoca, vi fu ancora gente che preferiva morire di fame piuttosto che mangiare questo tubero.

PUM AL PIS; *il Pum al Pis, dal colore dell'acqua di conservazione ("mela alla pipì" in dialetto), è un contorno storico della campagna Cuneese.*

In autunno, i contadini, in particolare del Monregalese, avevano uso mettere le mele a strati dentro una botte, intervallando ogni strato con della paglia; la botte veniva poi riempita con acqua e sale. Durante l'inverno e sino all'estate successiva, queste mele venivano utilizzate come contorno per le carni, tanto bollite che arrosto.

Il Pum al Pis si caratterizza nel sapore aspro della mela fermentata, unito ad un leggerissimo salato di fondo ed è uno stupendo contorno dell'antica Tradizione gastronomica piemontese.

LE PRINCIPALI SALSE PIEMONTESI

BAGNÈT VERD; *la salsa della più pura Tradizione piemontese e talmente tipica della nostra cultura gastronomica da essere sconosciuta fuori dai confini regionali.*

Viene preparato a freddo in mortaio con prezzemolo, aglio, acciughe e mollica di pane bagnata in aceto; alcuni vi uniscono anche tuorlo d'uovo sodo e sedano.

Dal gusto forte ed intenso è ottimo con le carni bollite, ma è utilizzato anche per tantissime altre lavorazioni di piatti, tra cui i più tipici sono, oltre alle note Acciughe al Verde già su citate: i **TOMINI AL VERDE** *(piccole tomette di formaggio fresco ricoperte di Bagnèt Verd), le* **UOVA RIPIENE** *(semplici uova sode tagliate a metà, di cui si prende il tuorlo e lo si impasta con il Bagnèt Verd, riempiendo poi con questa miscela lo spazio in cui era alloggiato il tuorlo), la* **LINGUA AL VERDE** *(normale lingua di Vitellino bollita, tagliata a fette molto sottili poi ricoperte con il Bagnèt Verd).*

BAGNÈT RUSS; *è il cugino primo del Bagnèt Verd. Viene preparato a freddo con pomodori varietà "cuore di bue", basilico, peperoni, cipolla e aglio. Non è raro che si aggiunga del peperoncino rosso per renderlo piccante.*

CUGNÀ; *un intingolo di antichissima Tradizione delle aree vinicole piemontesi, che si usava un tempo solo per le carni e la polenta, mentre oggi è molto usata anche come salsa per i formaggi stagionati. Si prepara cuocendo lungamente insieme, nel mosto di vino rosso, pere varietà Martin, fichi, mele cotogne, noci e nocciole.*

RUBRA; *una concentrato di pomodoro unito a vari gusti vegetali. Molti la pensano napoletana, essendo uno degli storici prodotti della Cirio, perché pochi sanno che questa azienda di conserve nacque a Torino (Porta Palazzo), come piccola ditta famigliare del piemontesissimo signor Francesco Cirio, nato il 25 dicembre 1836 a Nizza Monferrato. Solo più tardi si trasferì a Napoli, portando con se la ricetta, tutta piemontese, della Rubra.*

SAUSA DEL PÒVR'OM; *antichissima salsa per carni caratterizzata dalla povertà degli ingredienti che la compongono. Propria della campagna Cuneese, si prepara unendo a caldo: scalogno, aglio, vino bollito e peperoncino rosso.*

SAUSA 'D AVIJE; *salsa agrodolce per carni bollite, oggi usata anche per i formaggi stagionati. Un tempo tipica delle mense ricche dei nobili, si prepara unendo a caldo, sino ad arrivare ad un composto denso e cremoso, miele, brodo di gallina, gherigli di noce tritata e mela.*

VERDURE E FRUTTA

il Piemonte, per la propria conformazione geofisica (montagna, collina e pianura) e per il clima di cui gode è ricchissimo di ortaggi di alta qualità, peraltro molto usati come contorno o come ingredienti nella preparazione di molti piatti.

Un discorso particolare meritano però alcuni ortaggi simbolo del Piemonte: il cardo, il peperone e il porro.

*Il cardo, verdura principe del piatto simbolo del Piemonte, la Bagna Cauda, ha antichissime tradizioni regionali, in particolare a Nizza Monferrato (Alessandria), da cui proviene il più pregiato "CARDO GOBBO". Il peperone ha, invece, la propria capitale indiscussa a Carmagnola (Torino), ove si tiene la Sagra più importante d'Italia. In ultimo il **PORRO**, un vegetale che ha a Cervere (Cuneo) il sito di crescita più famoso della penisola.*

Sia il cardo gobbo di Nizza, che il porro di Cervere, che le principali varietà di peperoni di Carmagnola sono presidi Slow Food.

Sempre in Piemonte non mancano poi frutti che sono eccellenza assoluta di qualità e quasi senza rivali, dalla **CILIEGIA di PRECETTO** *alle* **PESCHE di CANALE**, *al* **PRUSS MARTIN** *(Pera Martin), alla* **MELA di SALUZZO**, *dalle* **CASTAGNE di GARESSIO** *o di* **VAL DI SUSA** *alle* **ALBICOCCHE di CUNEO**, *dal* **PUN RUSNENT**, *alle* **PRUGNE RAMASIN**, *sino ad arrivare alla famosissima* "**NOCCIOLA VARIETÀ TONDA GENTILE di LANGA**", *l'unica varietà di nocciole in Italia a godere del riconoscimento del Ministero dell'Agricoltura (provvedimento 23/3/2004) di "Indicazione Geografica Protetta".*

Da queste verdure e frutti, le donne di Piemonte hanno poi ricavato molti superbi piatti, quali il **POMODORO FARCITO** *(rigorosamente pomodoro "cuore di bue", con majonese, uova, Bagnèt Verd, ecc.) le* **BARBE di BECCO** *con* *le UOVA, le RAPE COTTE allo SCIROPPO, il SEDANO FRITTO, gli SPINACI alla BORGHESE, le CAROTE STUFATE con il SUINO, il CAVOLFIORE IMPANATO* solo per citarne alcuni tra i tanti.

ALTRI PIATTI PRESENTI
SULLE TAVOLE PIEMONTESI

Come precisato in premesse, in conclusione di questa sommaria narrazione della tavola del Piemonte, procedo ora a indicare alcuni "piatti nuovi" che la bravura dei nostri cuochi ha saputo ideare e realizzare nell'ultimo secolo, portandoli sull'altare del gusto al pari dei più antichi e storici piatti della Tradizione.

A "piatti nuovi" corre poi abbinare anche quei piatti che sono presenti da secoli sui tavoli nella nostra regione e vengono preparati con materie prime sicuramente ascrivibili alla cultura agricola pedemontana, ma le cui origini risiedono in altre zone,

Pierluigi Marengo

spesso limitrofe quali la Valle d'Aosta, la Francia sud orientale, la Liguria.

TRA GLI ANTIPASTI

Anche se forse non avente piena dignità di antipasto, pur essendo assai più intrigante della dozzinale bruschetta con il pomodoro del sud, corre menzionar il CROSTONE PIEMONTESE, fatto di pane abbrustolito spalmato di acciuga impastata con burro, prezzemolo ed aglio, così come non si può dimenticare la toscana INSALATA di FAGIOLI con la cipolla, che in Piemonte si distingue per l'uso dei pregiati fagioli di Saluggia ed è condita con un olio profumato con un'acciuga ed un'idea di aglio.

Il Fungo Porcino, un tempo rigorosamente cotto, è ultimamente divenuto il re dell'INSALATA di FUNGHI CRUDI, un tempo riservata al solo Fungo Reale (Cocòna), condita solo con olio, pochissimo limone, sale ed uno spicchio dell'immancabile aglio. Un'insalata, questa, non raramente abbinata alla storica Insalata di Carne Cruda Albese.

Dalla Liguria arrivarono invece, decenni addietro, le VERDURE RIPIENE, in cui cipolle o zucchini scavati diventano contenitori per cuocere, nel burro, un trito di carne, formaggio e sapori, mentre dal confine Valdostano ci è giuntto l'antico abbinamento CASTAGNE e LARDO, che si affianca a quello toscano, da tempo apprezzato in Piemonte, di SALAME con FAVE FRESCHE.

La fantasia dei cuochi si è poi sviluppata nel proporre nuovi sapori per i TOMINI, da affiancare agli storici Bagnèt Verd e Bagnèt Ross Eletrich: Ginepro macerato con la cipolla, Miele e Pinoli e

Foglia di Vite come contenitore per cuocerli in forno. Che buone poi le piacentine FRITTELLE di FIORI di SAMBUCO, che sotto la pastella portano sul palato la delicatezza e il gusto dolce di quel fiore che inonda i bordi delle strade in primavera. E ancora dalla Liguria arriva il matrimonio tra due alimenti della Tradizione piemontese: PEPERONE RIPIENO ai FUNGHI, ove un trito di funghi e salsiccia, cotto nel più classico dei soffritti, si lega al gustosissimo peperone di Carmagnola cotto al forno. E quanti e quali sapori sanno poi dare gli abbinamenti tra la fresca insalata di prato e altri prodotti della cascina: dall'INSALATA di GIRASUL (Tarassaco) e UOVO, con il verde che può essere sia cotto che crudo ed impastato con l'uovo barzotto, ai delicati SARSET (Valeriana) con le NOCI, ottime alternative alla tradizionale piemontese INSALATA di POMODORI, fatta con pomodoro "cuore di bue" passato in acqua bollente e condito con l'uovo sodo, il sedano ed i cipollotti.

Impossibile poi dimenticare le uova, che divengono non solo contenitore da riempire con il classico Bagnet Verd della Tradizione o con la più moderna, ed importata dalla Francia, majonese, ma anche autonomo piatto se cotte all'occhio di bue con una salsa di acciuga, aceto, prezzemolo e salvia (UOVA al CIRIGHET), o, se le finanze lo consentono, ricoperto di Trifula (UOVO AL TARTUFO).

Poi la gustosissima PEPERONATA che, rispetto a sua madre Francia, in Piemonte viene cucinata aggiungendo l'acciuga al soffritto.

Sempre dai campi arrivano gli interessanti recenti sapori delle COSTE AL BURRO (il gambo bianco delle coste semplicemente cotto in burro insaporito con l'aglio) e delle COSTE ALL'UOVO

*IN AGRO (il verde della costa sminuzzato e cotto con uovo ed aceto), oppure delle **ZUCCHINE IN BAGNA CAUDA**, ove il sapore della zucchina si lega al gusto intenso della Bagna Cauda, in cui macera per almeno un giorno. E che dire poi dell'**ASPARAGO** di Santena e Poirino, ormai lavorato, crudo, bollito o spadellato, secondo ogni fantasia di gusto.*

*Un discorso a parte, poi, sul piatto che viene unanimemente ascritto all'antica Tradizione piemontese, mentre, cosi come preparato oggi, per ingredienti e modalità di cotture, è esclusivamente definibile un piatto nuovo della tavola del Piemonte: il moderno **VITELLO TONNATO o VITEL TONNÈ**. Questo piatto, oggi preparato con carne bovina bollita, tagliata a fette sottili e ricoperta a freddo con una salsa a base di majonese, tonno e capperi, nulla ha infatti a che spartire, si veda al capitolo antipasti, con il Vitel Tonnè o Vitello Tonnato della Tradizione, pur essendo un grande e importante frutto della moderna cucina piemontese, realizzato con la tradizionalissima carne bovina Fassone e la "quasi piemontese" majonese, regalataci dai cugini francesi. In ogni caso, per il suo splendido sapore, sarebbe errato ed irriverente escluderlo da un vero pasto piemontese, ma, come già detto, definiamo però diversamente da quello di Tradizione, magari chiamandolo **VITELLO AL TONNO**, se non altro per non confonderli tra loro e gustarli entrambi durante lo stesso pasto.*

TRA I PRIMI PIATTI

I Primi Piatti asciutti sono forse stati quelli che, pur beneficiando della fantasia dei cuochi piemontesi, meno si sono discostati dalla più pura Tradizione del classico Tajarin, Agnolotto/Raviola o riso nostrano.

Invariato l'alimento base, la fantasia culinaria si è infatti limitata a creare nuovi sapori di condimento, portando comunque nel piatto i tipici sapori della terra di Piemonte, come con i TAJARIN e gli AGNOLOTTI all'ASPARAGO o AGLI ZUCCHINI, alla MAGGIORANA o al SUGO di NOCI. Stessa sorte è ovviamente toccata al riso, che ha visto nascere i vari RISOTTI al TARASSACO (girasul), agli ASPARAGI, al ROGNONE e FUNGHI, al LATTE e alla FONDUTA.

Piatti nuovi, figli, però, di alimenti della pura Tradizione piemontese, mentre rigorosamente da condannare è l'abitudine odierna di fare la pasta per Tajarin ed Agnolotti usando solo 2 o 3 uova per chilogrammo di farina, invece di 12 e 10.

Una vera ed imperdonabile bestemmia, così come bestemmia è utilizzare, spacciando il piatto per piemontese, l'insapore pasta di grano duro impastato con acqua, un'abitudine purtroppo non rara, o servire gnocchi preparati con fecola o fiocchi di patata al posto della patata in purezza.

Interessante è, invece, aver introdotto tra i primi asciutti i MALTAGLIATI di pura pasta all'uovo, un tempo utilizzati, in taglio più piccolo, solo quale pasta per le minestre o il brodo.

TRA I SECONDI PIATTI

Su questa tipologia di portata, la fantasia dei cuochi piemontesi ha raggiunto, negli ultimi decenni, livelli altissimi. Piatti su piatti sono stati creati partendo dall'eccellenza bovina del Fassone, altri sono stati importati da altre regioni e piemontesizzati usando il Fassone al posto delle carni, di minor qualità, di quelle regioni.

*Si pensi all'**ARROSTO al LATTE**, ove il classico arrosto piemontese, molto magro, finisce la sua cottura nel latte, o all'**ARROSTO ai FEGATINI di POLLO** (da alcuni, senza però alcun riferimento storico, chiamato Arrosto alla Cavour), con i fegatini, antico ingrediente di tanti piatti piemontesi, che qui divengono sugo per l'arrosto, o la costata di vitella Fassone che ha sostituito, mantenendone il nome, l'antica **MADAMA la PIEMONTEISA**, i cui ingredienti dell'epoca l'avevano resa assolutamente incompatibile con i palati formatisi nel 1800 ed ancor più nel 1900. Quell'antica bistecca con il manico, un tempo cotta dopo lunga frollatura in un intingolo di erbe e salse piccanti e acide, tra cui l'antico Agresto (uva colta non matura a luglio e pigiata acerba, poi fermentata e reso cremosa con cottura con varie erbe piccanti), oggi viene proposta, in particolare dalla scuola saviglianese, cotta su pietra dopo leggera frollatura, ricoperta con una salsa preparata in casseruola con burro, rosso d'uovo, moderno Agresto (crema di mosto di uve mature) e brodo vegetale insaporito con l'osso bovino; una cottura che dura ore ed ore, sino a quando il liquido diviene crema.*

Ma non solo il bovino ha goduto di tanta moderna fantasia culinaria.

*Non mancano infatti nuove ricette per il suino, dalla **LONZA alle CASTAGNE**, alla **SALSICCIA BRASATA**, entrambe rispettose dei sapori del bosco piemontese (castagne) o di tecniche di cottura tipiche (brasatura), così come non mancano sapori nuovi ed importati per il pollo.*

*Dal recente **POLLO AL BABI** (un galletto cotto, aperto ed allargato, in padella in acqua e vino, dopo esser stato rosolato in burro, vino, alloro, aglio e ginepro, poi servito ricoperto con il suo* *sugo), con nome che deriva dal dialettale "rospo", per la forma che il pollo assume così aperto ed allargato, all'altrettanto recente POLLO alle CASTAGNE (pollo in casseruola cotto intero con ripieno di lardo e castagne tritate), per non parlare dei toscani Gallina Faraona in tegame e Cappone in tegame, ormai secolari presenze sui tavoli di campagna e città piemontesi, cotti in casseruola arrostendoli in burro ed aromi. Non da meno è poi il coniglio, con la preparazione al sugo nero (CONIGLIO NERO), ove, cosa rarissima in Piemonte, si procede ad una cottura con il pomodoro, unito ai ben più consueti vino rosso e burro, oltre ai soliti aromi vari per rosolare.*

Interessante è inoltre l'uso del piccione: Piccione arrosto, piccione stufato e Piccione bollito, un volatile molto presente nei pasti dal 1920 al 1960, al pari dell'ormai praticamente scomparso passero. Poi le lumache, sempre più presenti, con Borgo San Dalmazzo divenuto riferimento per i cultori di questa carne: LUMACHE AGLIO e PREZZEMOLO (simili alle francesi Escargot à la Bourguignonne), LUMACHE FRITTE (fritte con impanatura), LUMACHE ABBRUSTOLITE (semplicemente abbrustolite sulla pietra), LUMACHE al POMODORO (come le tradizionali LUMACHE al VERD, con l'aggiunta del pomodoro in cottura).

Non mancano in ultimo interessanti riproposizioni di pesce d'acqua dolce tipico del Piemonte: TROTA all'UVA PASSA, cotta in uva passa e brodo vegetale, ANGUILLA FRITTA, con la tradizionale anguilla marinata alla piemontese successivamente fritta nel burro, TROTA o TINCA ALLA MENTA, con cottura nel burro e ripieno fatto di foglie di menta, aglio, salvia e ginepro.

Una ricchissima serie di secondi piatti certamente nuovi, ma comunque realizzati con materie prime di diretto riferimento dell'agricoltura e dell'allevamento del territorio e con il burro, principe della cottura tradizionale piemontese, quale l'elemento base nella loro cottura.

l'Imperatore della Tavola Piemontese:
IL TARTUFO BIANCO DI ALBA

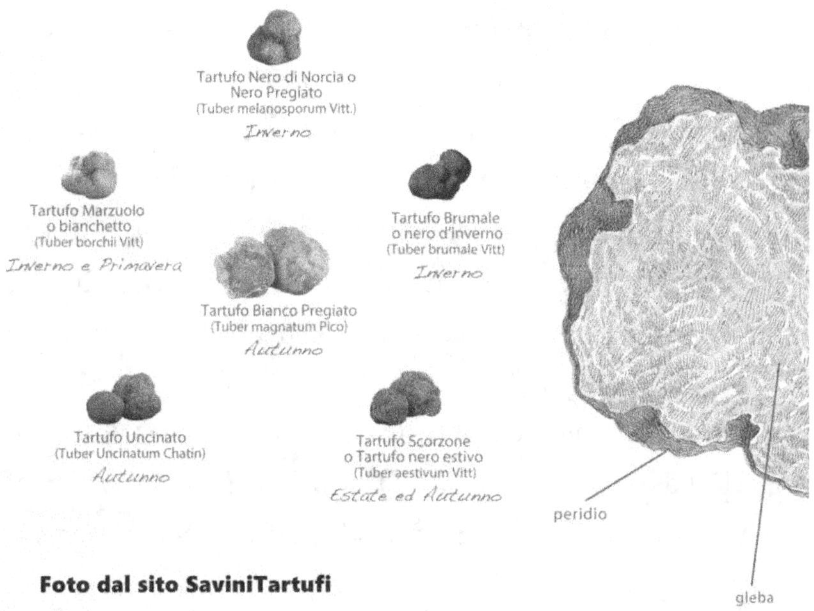

Foto dal sito SaviniTartufi

Ed eccoci in ultimo al più grande dei sapori e dei profumi della cucina dell'intero pianeta: il Tartufo d'Alba o, meglio, la "*Trifula*", come viene chiamata in Langa e dovrebbe essere chiamata in tutto il mondo, per non confonderla con i tanti altri Tartufi presenti sulla Terra, consumati da millenni dai più svariati popoli dell'orbe terracqueo.

Gli antichi Sumeri lo mangiavano mischiato a ceci e lenticchie. Gli antichi Greci lo chiamarono Hydnon, mentre per i Romani era il "Tuber" (dal verbo "tumere", "gonfiare"), ovvero "tubero", come da alcuno è ancora

135

chiamato, nell'opera "Naturalis Historia", Plinio il Vecchio lo descrive già come un'eccellenza culinaria.

Nel I secolo d.C., il filosofo greco Plutarco di Cheronea lo ascrisse alla perfezione della natura, sostenendo che il tartufo nascesse dall'azione combinata dell'acqua, del calore e dei fulmini. Il poeta Giovenale lo descrive come originato da un fulmine scagliato da Giove in prossimità di una quercia, albero a lui sacro, per avere un alimento da consumare durante la sua prodigiosa attività sessuale, dando la stura alle proprietà afrodisiache del Tartufo.

Nel Medioevo non v'era monarca o grande prelato che non lo avesse sulla sua tavola, anche se alcuni integralisti religiosi lo descrissero come *"cibo maledetto del diavole e delle streghe"*.

Alcuni scienziati del 1500 videro nel suo aroma l'essenza base per creare negli umani l'estasi.

Ma è il 1700 il secolo che distinse il Tartufo Bianco di Alba da tutti gli altri, elevandolo all'empireo del sapore e del piacere gastronomico e proclamandolo Re Assoluto, tanto che, da lì in poi, solo più quello d'Alba diviene presenza fissa in tutte le Corti europee.

Il musicista Gioacchino Rossini, grandissimo gaudente e consumatore di tartufi, lo definì *"il Mozart dei Funghi"*, mentre Cavour lo rese irrinunciabile nei pranzi di Stato. Lord Byron lo tenne sul tavolo, usando il suo profumo come stimolo per la creatività. Alexander

Dumas indicò nel Tartufo di Alba il "*Sancta Sanctorum*" della tavola.

La regalità del Tartufo diAlba non cessò più, tant'è che il Time di Londra, maggior giornale al mondo, lo incoronò pubblicamente e definitivamente come Re dei Tartufi nel 1933.

Ma cos'è il Tartufo?

E' un fungo che vive sottoterra, costituito da una massa carnosa, detta "gleba", rivestita da una sorta di corteccia chiamata "peridio".

I Tartufi, costituiti in alta percentuale da acqua e sali minerali assorbiti dal terreno tramite le radici dell'albero, di cui è parassita, crescono quasi ovunque nel mondo e sono di diverse varietà, tra cui le due più usate in cucina sono il "*Magnatum Pico*", che è il pregiato bianco, ed il "*Melanosporum Vit*" il poco pregiato Tartufo nero, un tempo in Langa utilizzato tutt'al più per farcire le carni in cottura.

Ciò che rende pregiato o anonimo un Tartufo è quindi il tipo di pianta ed il terreno ove cresce: se soffice, umido, a PH neutro e scarso di sostanza organica, azoto, fosforo e potassio, il Tartufo cresce liscio e di massima qualità, se duro e carente di tali requisiti chimico fisici, diventa bitorzoluto e la qualità si abbassa.

Ebbene, la *Trifula* che cresce nel più perfetto e morbido dei terreni e si lega alle piante più idonee a creare magici profumi, come il pioppo bianco, "*Populus Alba*", il salice bianco, "*SalixAlba*", e il nocciolo, "*CorylusAvellana*" è quello di Langa.

Questo è il Tartufo d'Alba: un prodotto unico che la storia ha posto nella magia e che già Plinio il Vecchio ascriveva alle cose "che non è possibile seminare".

Ancora oggi è così.

La *Trifula* non è coltivabile, solo madre natura può donarla, nessun uomo è in grado di farla crescere a suo piacimento... forse un po' di magia c'è veramente.

Nel 1929, grazie a tal Giacomo Morra, venne poi allestita in Alba una Fiera del Tartufo d'Alba, all'epoca denominata *"Fiera mostra campionaria a premi dei rinomati Tartufi delle Langhe"* e, da allora, tutti i buongustai del mondo, ogni anno, durante i quindici giorni della Fiera, guardano ad Alba ed alle Langhe, con americani e giapponesi scatenati, a colpi migliaia di euro, per acquistare all'asta di Grinzane Cavour le *Trifule* più belle.

Dal 1949, la *Trifula* più bella dell'anno trovata in Langa viene regalata ad un grande del mondo.

La prima andò all'immortale attrice Rita Haywort, nel 1951 al Presidente degli Stati Uniti Harry Truman, nel 1953 a Winston Churhill, nel 1954 due Trifule per un ex equo: Joe Di Maggio e Marylin Monroe, nel 1959 il secondo ex equo e due *Trifule* divise tra Usa e Urss: Eisenhover e Nikita Krusciov. Paolo VI apre con i Papi ricevendo la Trifula del 1965, lo seguirà Papa Giovanni

Il. Poi Sofia Loren, Alfred Hitckcok, Ronald Regan, Gorbaciov, Pavarotti, Valentino, Alberto di Monaco... un elenco di potenti della terra che non ha eguale, come non ha eguali la *Trifula*.

In ultimo, alcune considerazioni che partono proprio dalla Fiera. Questo grande evento si tiene in ottobre, ma la *Trifula* migliore è quella che viene raccolta, si dice in Langa, "dai Santi in poi", ovvero da inizio Novembre sin verso Natale; questi sono i mesi della sua miglior maturazione, così come il massimo di sapore e profumo lo dà quando non è meno di 30/40 grammi (più è grossa, più è buona) e il più possibile liscia.

I piccoli pallini, a minor costo, che riempiono i mercati, sono piccole *Trifule* che, nella terra, attorniano la *Trifula* principale, senza però averne profumo e gusto, evitate quindi di acquistarli. Ma non vi sono solo i "pallini", purtroppo molti Tartufi rumeni e umbri, istriani e toscani, francesi e lucani, la cui qualità non è degna neppure di essere messa in raffronto con quelli di Alba, invadono sistematicamente negozi e ristoranti.

Ovviamente, sino a che questi diversi prodotti vengono venduti a prezzo minore e dichiarandone la provenienza, nulla da dire. Se uno vuole "far finta" di mangiare la "*Trifola*", spendendo poco, che poi poco comunque non è, è libero di farlo, ma non lo si chiami però Tartufo di Alba e non si dica che non vi è differenza di profumi e sapore...

Parte II La Cantina

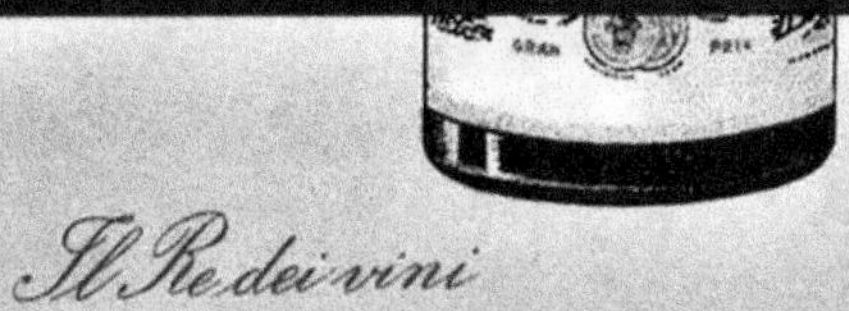

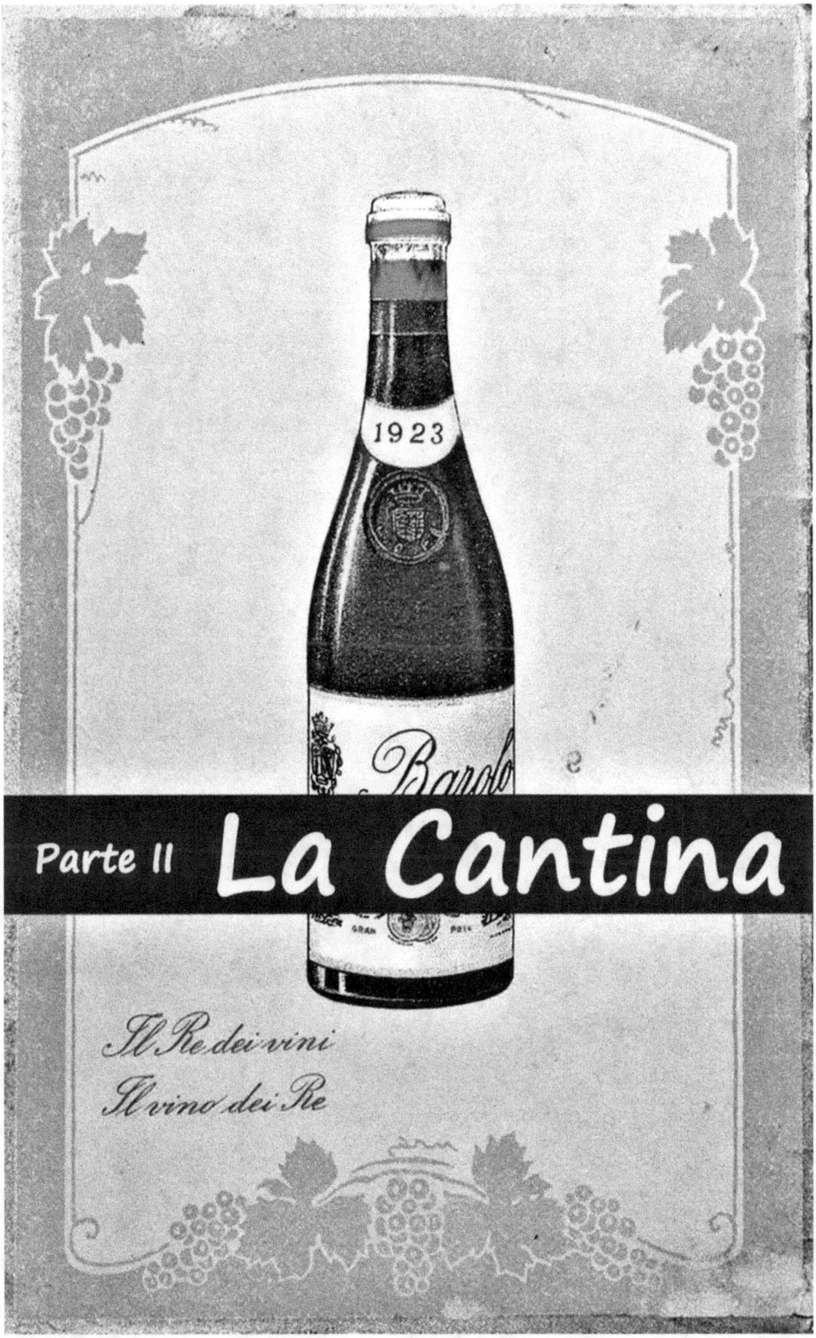
1923
Barolo
Il Re dei vini
Il vino dei Re

LA CANTINA DEL PIEMONTE

Il Vino Piemontese nei Secoli

Le prime tracce dell'uva in Piemonte risalgono al Neolitico (4000 a.C.), ma, sino alla fine dell'età del Bronzo (1000 a.C), la bevanda delle popolazioni piemontesi era un fermentato del corniolo, del sambuco e della mora di rovo.

L'origine della cultura della vite finalizzata alla produzione del vino si ascrive ai Celti, portatori delle tecniche di vinificazione Etrusche: *arbustum* attorcigliati ai pioppi.

Siamo all'incirca 400 anni prima di Cristo.

Il grande impulso alla vinificazione arrivò però dai Romani, grandi cultori del vino. Con la loro colonizzazione, la vinicultura si raffinò e si estese ai dintorni delle grandi vie di comunicazione, con conservazione del sacro nettare nelle anfore d'argilla invece che negli otri e nelle botti di cultura celtica e gallica. Sono infatti di epoca romana vari reperti artistici attinenti al vino, tra cui un'interessante stele funeraria del primo secolo d.C. in Cherasco, scolpita in onore di Q. Veiquasius Optatus e raffigurante un carro con una grande botte, dalla quale un servo versa il vino.

Nel periodo romano, la preferenza per i vini bianchi amabili ed a alto tenore alcolico sfavorì, a livello commerciale, i vini piemontesi rispetto a quelli del bacino del Mediterraneo, mentre, nel Medioevo, la nuova tendenza verso i vini rossi giovani portò il vino del Piemonte a godere di una certa rinomanza. Ogerio Alfieri, cronista Astigiano vissuto tra il 1230 e il 1294, definisce "*bono et optimo*" il vino Astigiano ed il famoso Pier de Crescenzi, che nel 1271 fu giudice del podestà di Asti, inizia a raffinare la vinificazione su quell'area:

pigiatura con i piedi dentro tini di legno e nessuna diraspatura, con operazioni di pigiatura compiute in prossimità del vigneto, in locali ove, oltre alla pigiatura, si svolge anche la fermentazione.

Queste costruzioni, chiamate in modi diversi nelle varie zone del Piemonte, avevano comunque tutte un nome che riprendeva la loro funzione di riparo, da *"tecto"* o *"cassina"* ad Asti a *"caboto"* a Pinerolo.

La torchiatura delle vinacce era pratica libera ed abituale, solo in pochi centri occorreva pagare un tributo per il *"pistagium"*; tra questi Serralunga d'Alba e Giaglione presso Susa.

Nel Medioevo, abbandonate le anfore romane, il vino torna nelle botti, realizzate in rovere e castagno e, nelle zone alpine, anche in larice o abete. Fino al 1500 i cerchi delle botti furono in legno, per poi venir realizzate (1500-1600) con il più costoso ferro.

L'operazione di misurare la capacità delle botti era affidata ai *"brentatori"*, che si servivano, per la misurazione, di un recipiente di forma particolare, di origine probabilmente celtica: la *"brenta"*.

Ancora oggi, nelle campagne piemontesi, è peraltro in uso misurare il vino in *"brente"*, anche dette *"brinde"*, con una brinda che equivale a 49,28 litri.

La prima grande opera sull'enologia Piemontese si deve a Giovanni Battista Croce, gioielliere di Casa Savoia. In quest'opera, *"Della eccellenza e diversità dei vini che nella Montagna di Torino si fanno e del modo di farli"*, si trattano le tecniche di produzione del vino Torinese tra la fine del 1500 e l'inizio del 1600 e si catalogano le varie ricette in relazione alle uve esistenti: 3 per il vino bianco, 8 per il vino grigio e chiaretto, 3 per il passito, 7 per il vino frizzante, 3 per il vino schiappato, 28 per il vino rosso.

La classificazione organolettica si basa su colore, gusto e piccante (frizzante). I vini di massimo pregio, all'epoca, sono i vini rosati, dolci e frizzanti.

Il vitigno principe, ora come allora, è il Nebbiolo, anche se, a quel tempo, veniva vinificato in larga misura dolce, mentre il Moscato, altro vitigno di pregio, nel 1600 si vinificava principalmente secco.

Di fatto, nel 1600, si era giunti, per grandi linee, all'odierno concetto di vinificazione e vino, anche se sarà il 1700, il secolo in cui nasce il vino così come lo conosciamo oggi. Nel 1600 mancava, infatti, l'ultimo anello: la conservazione in bottiglia del vino finito, con chiusura mediante tappo di sughero.

I tappi di sughero, già conosciuti alla fine del 1500 per la chiusura temporanea delle botti, si sposano, infatti, con la bottiglia solo alla fine del XVII secolo, dopo che, dal 1660, in Inghilterra si cominciano ad usare pesanti bottiglie di vetro prodotte da sir Kenelm Digby per la conservazione di *"sparkling Champaigne"*.

Grazie a quest'invenzione, poi passata in Francia e di qui al Piemonte, un trattato francese del 1718 dichiara che si era giunti alla possibilità di conservare il vino per "*quatre, cinq et méme six ans*".

I tappi si acquistavano a Lione e, nel 1717, Casa Savoia comprò una "*balla di boccioni di liège*", nel 1719 un "*ballotto di tapponi di nata*" e, nel 1721, un "*ballotto di ottomila boccioni di nata*". Il vino di bottiglia era ormai divenuto sinonimo di qualità e di pregio, tant'è che, nel 1722, si imbottigliarono 1205 bottiglie del "*vino bianco che beve Sua Maestà*". Era Moscato.

Se il 1700 può essere definito, in Piemonte e nel resto d'Italia, un secolo di riferimento per le tecniche di lavorazione dell'uva e conservazione del vino, non meno importante, in terra piemontese, fu il 1800, secolo in cui molti vini si trasformarono nel gusto, divenendo quelli che oggi conosciamo.

In particolare, il 1800 fu il secolo della grande trasformazione dei vini derivanti dal vitigno Nebbiolo, che da vinificazioni generalmente tendenti al dolce o abboccato, passarono a vinificazioni per la produzione di vino secco.

E', infatti, di quest'epoca, la nascita dei grandi rossi piemontesi con le caratteristiche organolettiche attualmente note, tra cui i principali furono il Barolo e il Barbaresco, con il primo, destinato a divenire già sul finire di quel secolo il vino unanimemente riconosciuto come di maggior qualità assoluta in Italia e tra i migliori nel mondo, a guidare la grande enologia piemontese verso i più alti traguardi.

Negli anni successivi, grazie alla laicizzazione dello Stato, che consentì, grazie a Cavour, la cacciata dei Gesuiti (1848) e la soppressione di molti ordini religiosi (1854), con incameramento dei loro beni a vantaggio delle popolazioni (1866), molte terre divennero disponibili per le famiglie di agricoltori, portando la viticultura a livelli sempre maggiori.

Con questa grande e meritoria opera di laicizzazione, che eliminò i latifondi e il servilismo imposto dagli ecclesiastici, la Langa potè infatti contare, nel 1871, 17.276 famiglie proprietarie del fondo su cui vivevano, su 19.572 famiglie che la popolavano.

A questo punto corre evidenziare come due donne divennero protagoniste dello sviluppo enologico piemontese, ossia la Marchesa Falletti di Barolo, di cui parlerò infra nella pare dedicata al Barolo, e Rosa Vercellana, più nota come la Bela Rosin, amante e successivamente moglie morganatica di Re Vittorio Emanuele II

La Tradizione infatti vuole che, questa donna, all'epoca ancora solo quattordicenne ma dal corpo molto prospero, si sia "intrufolata", una sera, sulla carrozza del ventisettenne e sposato Principe Vittorio Emanuele, per chiedergli un atto di clemenza verso il fratello militare, punito per una grave infrazione. La carrozza portò i due nell'alcova del Castello di Pollenzo e di lì nacque una storia che non finì più e da cui nacquero due figli.

Da Re Vittorio Emanuele II, questa prosperosa donna della campagna di Moncalvo ottenne poi il titolo di contessa di Mirafiori e Fontanafredda, con la relativa grande tenuta di Fontanafredda in comune di Serralunga d'Alba, tra i paesi di Grinzane, ove Cavour aveva ideato le nuove tecniche per la produzione del Barolo, ed il paese di Barolo, dove vi erano i vasti possedimenti dei Falletti.

A Fontanafredda, il figlio della Bela Rosin, Emanuele Guerrieri di Mirafiori, nel 1878 fondò poi una delle storiche e maggiori aziende vinicole piemontesi: la cantina Mirafiori di Serralunga d'Alba, tutt'ora esistente… e visitabile!

I terreni coltivati con vitigno Nebbiolo destinato alla produzione del Barolo sono divenuti, in questi ultimi decenni, i terreni vitati più costosi d'Italia, sino a sfondare, nel decennio 1980, l'incredibile somma di 100 mila lire al metro quadro nell'area Connubi.

E se il 1800 è il secolo della grandeur del Barolo, lo è anche del Barbaresco, grazie all'opera enotecnica e commerciale del Direttore della Regia Scuola Enologica di Alba, Domizio Cavazza, che fondò la prima cantina sociale di questo altro nobile vino.

Oltre che in Langa, il 1800 segna poi importanti trasformazioni anche nelle vinificazioni di altre zone, tra cui il Novarese ed il Vercellese, ove altri figli del Nebbiolo assursero a dignità di grandi vini, iniziando a penetrare in modo significativo sui mercati nazionali. Ghemme, Gattinara, Boca e Fara uscirono dalle limitate zone di produzione per acquistare fama in particolare in Lombardia e Svizzera. Anche nelle loro tecniche di vinificazione si fece strada la scelta cavouriana di privilegiare il gusto secco rispetto all'abboccato, il privilegiare, sulla base dell'esperienza maturata in tal senso in Francia, il legno di rovere per la fabbricazione delle botti da invecchiamento, al posto del castagno ed altri legni, sino al 1700 indifferentemente utilizzati.

Con la fine del 1800, l'enologia piemontese si configurò, quindi, come ancora oggi noi la viviamo, la conosciamo e, soprattutto, la gustiamo, divenendo simbolo dell'intera Enologia Italiana.

Non a caso ad Alba, in provincia di Cuneo, nel 1881 nacque la più prestigiosa ed antica Scuola Enologica Italiana, ancora oggi faro di riferimento per l'enologia di tutto il pianeta: l'Istituto Enologico Umberto I.

Ed in ultimo il nutrito elenco dei vini piemontesi godenti dell'appellativo Doc (denominazione di origine controllata) e Docg (denominazione di origine controllata e garantita). Un elenco quasi infinito, su cui corre evidenziare che, allo stato dell'arte, il Piemonte, che produce annualmente circa 2,6 milioni di ettolitri di vino, è la prima regione italiana per numero di vini Doc, seguito da Toscana e Veneto. Un supremazia che si fa ancor più marcata se si sale di qualità: il Piemonte, con i propri vini, ha infatti portato a casa il 25,6% dei riconoscimenti Docg italiani, in grande distacco dagli altri competitor: il Veneto, secondo, con il 18,9% e la Toscana, terza, con il 14,8%.

Ma ciò che comprova oltre ogni dubbio il primato nazionale piemontese sul fronte della qualità dei propri vini, è dato dal fatto che il Piemonte pone il 90% della sua produzione vinicola in Doc o Docg, mentre le altre regioni a caratterizzazione vinicola risultano molto più basse in graduatoria e fortemente distaccate: Veneto e Toscana ascrivono i propri vini a Doc e Docg in misura pari a circa il 65%, la Sicilia per il 25% e l'Emilia Romagna per il 20%, mentre la Puglia non supera il 10%.

Come dire… sui vini non c'è proprio gara.

Ed ora l'annunciato elenco:

ROSSI

Alba Doc

Alta Langa Spumante Rosso Doc

Barbaresco Docg

Barbera D'Alba Doc

Barbera D'Asti Docg

Barbera Del Monferrato Superiore Docg

Barolo Docg
Boca Boca Doc
Brachetto D'Acqui Docg
Brachetto D'Acqui Spumante Docg
Bramaterra Docg
Canavese Barbera Doc
Canavese Nebbiolo Doc
Canavese Rosso Doc
Carema Carema Doc
Cisterna D'Asti Doc
Colli Tortonesi Barbera Doc
Colli Tortonesi Croatina Doc
Colli Tortonesi Dolcetto Doc
Colli Tortonesi Novello Doc
Colli Tortonesi Rosso Doc
Collina Torinese Barbera Doc
Collina Torinese Bonarda Doc
Collina Torinese Malvasia Doc
Collina Torinese Novello Doc
Collina Torinese Pelaverga o Cari Doc
Collina Torinese Rosso Doc
Colline Novaresi Barbera Doc
Colline Novaresi Bonarda o Uva Rara Doc
Colline Novaresi Croatina Doc
Colline Novaresi Nebbiolo o Spanna Doc
Colline Novaresi Novello Doc
Colline Novaresi Rosso Doc

Colline Novaresi Vespolina Doc
Colline Saluzzesi Pelaverga Doc
Colline Saluzzesi Quagliano Doc
Colline Saluzzesi Rosso Doc
Colline Saluzzesi Rosso Doc
Coste Della Sesia Bonarda Doc
Coste Della Sesia Croatina Doc
Coste Della Sesia Nebbiolo Doc
Coste Della Sesia Novello Doc
Coste Della Sesia Rosato Doc
Coste Della Sesia Rosso Doc
Coste Della Sesia Vespolina Doc
Dolcetto D'Acqui Doc
Dolcetto D'Alba Doc
Dolcetto D'Asti Doc
Dolcetto Delle Langhe Monregalesi Doc
Dolcetto Di Diano D'Alba Docg
Dolcetto Di Dogliani Doc
Dolcetto Di Dogliani Superiore Docg
Dolcetto Di Ovada Superiore Docg
Fara Doc
Freisa D'Asti Doc
Freisa D'Asti Spumante Doc
Freisa Di Chieri Doc
Freisa Di Chieri Doc
Gabiano Doc
Gattinara Docg

Ghemme Docg
Grignolino D'Asti Doc
Grignolino Del Monferrato Casalese Doc
Langhe Dolcetto Doc
Langhe Freisa Doc
Langhe Nebbiolo Doc
Langhe Rosso Doc
Lessona Doc
Malvasia Di Casorzo D'Asti Doc
Malvasia Di Castelnuovo Don Bosco Doc
Monferrato Dolcetto Doc
Monferrato Freisa Doc
Monferrato Novello Doc
Monferrato Rosso Doc
Nebbiolo D'Alba Doc
Piemonte Barbera Doc
Piemonte Bonarda Doc
Piemonte Brachetto Doc
Piemonte Grignolino Doc
Piemonte Pinot Nero Spumante Doc
Pinerolese Barbera Doc
Pinerolese Bonarda Doc
Pinerolese Dolcetto Doc
Pinerolese Doux D' Henry Doc
Pinerolese Freisa Doc
Pinerolese Ramie Doc
Pinerolese Rosso Doc

Roero Roero Docg
Rubino Di Cantavenna Doc
Ruche' Di Castagnole Monferrato Docg
Sizzano Doc
Terre D'alfieri Nebbiolo Doc
Valli Ossolane Nebbiolo Doc
Valli Ossolane Prunent Doc
Valli Ossolane Rosso Doc
Valsusa Rosso Doc
Verduno Pelaverga Doc

ROSATI

Albugnano Doc (Vino rosato secco)
Alta Langa Spumante Rosato Doc
Canavese Rosato Doc
Colli Tortonesi Rosato Chiaretto Doc
Monferrato Chiaretto Doc
Pinerolese Rosato Doc

BIANCHI

Alta Langa Spumante Bianco Doc (Vino bianco secco)
Alta Langa Spumante Rosso Doc (Vino rosso secco DOC)
Asti Spumante Docg
Caluso Bianco Docg
Caluso Caluso Passito Doc
Caluso Caluso Spumante Docg
Canavese Bianco Doc

Colli Tortonesi Bianco Doc
Colli Tortonesi Cortese Doc
Colli Tortonesi Favorita Doc
Colli Tortonesi Moscato Doc
Colli Tortonesi Timorasso Doc
Colline Novaresi Bianco Doc
Cortese Dell' Alto Monferrato Doc
Coste Della Sesia Bianco Doc
Gavi Docg
Langhe Arneis Doc
Langhe Bianco Doc
Langhe Chardonnay Doc
Favorita Doc
Loazzolo Doc
Monferrato Bianco Doc
Monferrato Cortese Doc
Moscato D'Asti Docg
Piemonte Chardonnay Doc
Piemonte Cortese Doc
Piemonte Moscato Doc
Piemonte Pinot Bianco Doc
Piemonte Pinot Grigio Doc
Roero Arneis Docg
Strevi Doc
Terre D'Alfieri Arneis Doc
Valli Ossolane Bianco Doc

I ROSSI DEL VITIGNO NEBBIOLO

Il Vitigno Nebbiolo

Incontrovertibilmente il più piemontese dei vitigni e vitigno principe dell'enologia nazionale, che ha reso e continua a rendere apicale il vino piemontese nel mondo, tanto dall'esser divenuto ormai consuetudine planetaria il definire il Piemonte con l'appellativo di Terra dei Grandi Rossi, quei rossi che tale vitigno ci regala, tanto nel basso (Langa) come nell'alto Piemonte (Novarese, Vercellese, Alto Canavese).

Oggi al vitigno nebbiolo vengono riservati i migliori terreni in assoluto del comprensorio di Langa, Novarese, Vercellese e Alto Canavese, vale a dire i versanti collinari più esposti a mezzogiorno ed ubicati ad un'altitudine che va da 200 a 500 metri sul livello del mare.

Terreni che sono divenuti, in questi ultimi decenni, i terreni vitati più costosi d'Italia, sino a sfondare, nel decennio 1990, l'incredibile somma di 100 mila lire al metro quadro, nell'area Connubi di produzione del Barolo, per poi arrivare all'oltre 2,5 milioni di euro all'ettaro (250 euro al metro quadro) odierni, sempre in quell'area.

Si tratta di una varietà di vite molto vigorosa, che comporta al viticoltore una continua operazione di sfoltitura e cimatura durante i mesi estivi, per evitare di trovarsi una vera e propria foresta di rami.

Ad accentuare il suo bisogno di spazio gioca, inoltre, la sterilità delle prime 2-3 gemme, che impediscono un infittimento d'impianto che sfrutterebbe lo spazio sul filare: è pressoché impossibile piantare a meno di un metro sullo stesso filare, mentre si può ridurre la distanza tra i filari.

Storicamente nell'albese, domus aurea di coltivazione del vitigno, si trovano quattro sottovarietà di Nebbiolo:

-il Michet, così denominato per la forma compatta del suo grappolo che ricorda la pagnotta di Langa;

-il Lampia, dal grappolo più grosso e abbastanza allungato e con qualità enologiche equilibrate e costanti;

-il Rosè, oggi però quasi del tutto abbandonato per la sua scarsa resa enologica;

-il Bolla, dal nome del selezionatore di santa Maria di La Morra.

Nella novarese e biellese, vi è poi la varietà Spanna.

La foglia del vitigno Nebbiolo è di media grandezza, dai tre ai cinque lobi ben marcati ed il grappolo è di grandezza medio grande, a forma piramidale o a volte quasi cilindrica, con acini medi e rotondi, leggermente tendenti all'ovale, la cui polpa, dolce e succosa, è rivestita di una buccia sottile ma resistente e ricca di tannini, di colore violaceo scuro, che, a maturazione, tende al grigiastro a causa della pruina, la sostanza biancastra simile a cera che avvolge gli acini.

Un grappolo di nebbiolo ben maturo, mangiato con del buon pane casereccio, è un pregnante piacere sensoriale, se poi viene anche accompagnato con un buon bicchiere di nebbiolo, diviene sublimazione del palato.

DAL NEBBIOLO IN PUREZZA

Sua Maestà IL BAROLO

Zona di produzione: Comuni di Barolo, Castiglione Falletto, Cherasco, Diano d'Alba, Grinzane, La Morra, Novello, Roddi, Serralunga e parte di Monforte e Verduno.

Vitigno: Nebbiolo varietà Michet e Lampia.

Colore: rosso granato brillante che assume riflessi arancione percepibili soprattutto nell'unghia (anello esterno della superficie del vino nel bicchiere).

Profumo: intenso e netto, con sentori floreali che ricordano la rosa e la viola nei vini giovani; col trascorrere del tempo prevalgono sentori di frutta, quali la ciliegia sciroppata e la prugna cotta, poi sensazioni vegetali di sottobosco e terre bagnate, quali il tartufo e i funghi freschi e secchi, infine aromi speziati di pepe, cannella e vaniglia, che evolvono verso profumi animali come il cuoio ed infine odori chimici ed eterei (goudron).

Sapore: sapore asciutto, pieno, robusto, austero ma vellutato, armonico, avvolgente; struttura forte e complessa; in bocca si percepisce la bacca rossa della marasca e della mora, la liquirizia e la vaniglia, il tabacco e il caffè; l'astringenza dei tannini, più evidente nei vini giovani, va decrescendo ed armonizzandosi con l'invecchiamento.

Invecchiamento minimo: 3 anni per il normale e 5 per il riserva, di cui 2 in botte.

E' l'unico vino che può essere messo in vendita solo se di gradazione alcolica eguale o superiore a 13 gradi.

Tra Storia e Leggenda

E' il Re dei vini ed il vino dei Re. Certamente il più famoso e prestigioso dei rossi Piemontesi ed Italiani, è il vino che tutti i sommelier pongono al vertice delle graduatorie mondiali. Alla Marchesa Giulia Colbert Falletti di Barolo è legato l'aneddoto che spiega come la fama del vino sia giunta sino a Casa Reale Savoia e, a seguito di ciò, in tutto il mondo.

Re Carlo Alberto avrebbe chiesto alla Marchesa perché *"non gli avesse mai fatto gustare quel suo famoso vino del quale tanto aveva sentito parlare"*. *"Presto, molto presto"* rispose Giulia, quasi sfidando il sovrano.

Qualche giorno dopo i Torinesi assistettero ad una strana processione: videro passare per via Nizza e sfilare per le vie delle città una lunga fila di carri, ciascuno con la sua carrà di vino.

I carri erano diretti a Palazzo Reale, sede della Corte e attirarono la curiosità di tutta la popolazione: forse il primo esempio di pubblicità del vino Barolo... I carri e le relative carrà erano trecentoventicinque, uno per ogni giorno dell'anno, sottratti i quaranta giorni di quaresima (la Marchesa, era molto pia).

Questo vino piacque moltissimo al Re, tanto che ne divenne anch'egli produttore nelle sue terre di Verduno, dirette dal generale Staglieno, già impiegato presso Cavour.

La frequentazione della corte dei marchesi Falletti e la loro amicizia con le famiglie più nobili fu conseguentemente all'origine della fama del vino che veniva prodotto sulle loro terre di Barolo. I Falletti lo regalavano ai Savoia, che a loro volta lo offrivano agli invitati nel loro salotto torinese e ne rifornivano con liberalità gli amici.

Ma non è certo da una conservatrice come lei, nota per il suo integralismo ed oltranzismo religioso, che poterono giungere l'innovazione tecnica e la ricerca scientifico agricola che generarono il Barolo... anche se la storia, ahimè, la ascrive al ruolo di "madre".

Un tempo, questo vino era conosciuto semplicemente come Nebbiolo, dall'uva che lo produce. Fu solo nella seconda metà del 1800 che s'iniziò a chiamarlo Barolo, per l'appunto dal nome del paese dove aveva i possedimenti la contessa Giulia Colbert Falletti, grazie all'acume enologico del grande statista Camillo Benso conte di Cavour che, nel castello di Grinzane, posto nelle vicinanze delle terre dei Falletti, vinificò per la prima volta, con l'aiuto dell'enologo e fattore Oudart, un

Nebbiolo più secco, secondo le nuove tendenze dell'epoca.

Questa fu la nuova tipologia di Nebbiolo che conquistò Torino e poi l'Italia.

Già alla fine del 1800 il Barolo, ormai considerato il più grande dei vini italiani, iniziò poi ad essere esportato in Germania e, soprattutto, nelle Americhe.

Sua Altezza Reale IL BARBARESCO

Zona di produzione: Barbaresco, Neive, Treiso e frazione San Rocco Seno d'Elvio di Alba.

Vitigno: Nebbiolo varietà Michet e Lampia e Rosè.

Colore: granato con riflessi aranciati.

Profumo: etereo intenso, asciutto, con note di pepe verde, spezie e mandorla amara.

Sapore: elegante fine e vellutato, di corpo, leggermente speziato.

Invecchiamento minimo: 2 anni per il normale e 4 per il riserva, di cui 1 in botte.

Tra Storia e Leggenda

Le origini di questo vino risulterebbero ascrivibili alla passione dei Galli per gli ottimi vini piemontesi dell'epoca che, secondo la leggenda, li spinse ad insediarsi in Piemonte.

Un vino in particolare pare affascinasse questi popoli barbari del nord che, proprio perché così amato da loro, venne chiamato Barbaritium (vino dei barbari) come riportato da Tito Livio nella sua "*Storia Romana*", divenendo poi l'attuale Barbaresco, da cui prese il nome anche il paese di produzione.

Dopo l'anno mille, questo vino Barbaritium, proprio delle colline che degradano da Alba verso Asti, venne considerato il più pregiato dei vini piemontesi, tant'è che, nel coro ligneo del Duomo di Alba (XV secolo), uno degli stalli raffigura l'antico borgo di Barbaresco sovrastato da una fruttiera ricolma d'uva.

Un fama che perdura e si consolidò nei secoli.

Nel 1791 l'esercito austriaco sconfisse quello francese a Genola ed il generale De Melas ordinò al comune di Barbaresco di "*far condurre al campo di Bra una carrà di eccellente nebbiolo*" (il documento è conservato presso gli archivi della parrocchia della cittadina ed è la più vecchia citazione scritta che faccia riferimento al Comune di Barbaresco ed ai suoi vini).

Nel 1894, Domizio Cavazza, definito "padre del Barbaresco" e direttore delle Regia Scuola Enologica di Alba, acquistò il castello di Barbaresco e, nello stesso autunno, fondò le Cantine Sociali di Barbaresco, riunendo intorno a sé una decina di proprietari di vigneti locali. Da questo momento il vino Barbaresco fece la sua comparsa sui mercati nazionali a fianco del già allora famosissimo Barolo, divenendo il Principe dei Vini.

La disputa tra Barbaresco e Barolo per lo scettro di Maestà dei vini è peraltro annosa.

Da un lato vi sono gli abitanti delle Colline Langarole del Barbaresco (a sinistra di Alba giungendo da Torino) che proclamano il loro vino vera Maestà della vinicultura piemontese ed italiana, dall'altro vi sono quelli delle colline Langarole del Barolo (a destra di Alba sempre giungendo da Torino) che, come me, venerano l'unica vera Maestà nel Barolo.

Il dibattito inferve, come detto, da anni e, vista la grandezza di entrambi questi vini, certamente mai avrà un esito, a meno di pensare che la vinicultura italiana possa riconoscersi in due Re di pari dignità o, come divenuto ultimamente slogan sul mercato Americano, non si arrivi a dire, modificando la storica frase, che il Barolo è il Re dei Vini ed il Barbaresco il vino dei Re.

Ma questo è comunque un dibattito sterile, giacché la realtà supera la disputa: con Barolo e Barbaresco il Piemonte ha fatto dell'Italia il vero stato leader della qualità vinicola mondiale ed è quanto ci interessa e ci basta, il resto sono solo beghe da campanile.

In ultimo un breve accenno al Barbaresco nell'arte. Diversi sono ormai i grandi pittori che si sono cimentati con le etichette dei più importanti Barbaresco e Barolo prodotti, tra cui quelli delle storiche cantine Vietti e Gaja che si sono vestiti, negli anni, con l'opera di grandi della pittura quali Bonichi, Cascella, Guttuso, Maccari, De Micheli, Peluzzi, Gallo, Miroglio, Gallina, Janet Fish, Wayne Tiebaud, Gioxe de Micheli.

Come dire, arte chiama arte, l'arte della cantina unita all'arte della tavolozza.

Sua Eccellenza il NEBBIOLO d'ALBA

Zona di produzione: Langa Albese

Vitigno: Nebbiolo ogni varietà

Colore: rosso rubino più o meno carico con riflessi di granato per il vino invecchiato.

Profumo: profumo caratteristico, tenue e delicato che ricorda la viola che si accentua e perfeziona con l'invecchiamento.

Sapore: dal secco al gradevolmente e di buon corpo, tannico da giovane, vellutato ed armonico con l'invecchiamento.

Invecchiamento minimo: 1 anno.

Tra Storia e Leggenda

Il Nebbiolo è uno dei più grandi vitigni del mondo e viene coltivato quasi esclusivamente in Piemonte, sua terra d'origine. Le origini di quest'uva per la produzione del vino sono antichissime, probabilmente ascrivibili alla presenza celtica in Piemonte (400 a.C), allorché cresceva abbarbicato su olmi e pioppi.

II suo nome deriva da nebbia, sia perché l'uva matura tardi, quando già le colline sono avvolte dalle prime nebbie autunnali, sia perché gli acini presentano sulla superficie esterna un'intensa muffa che conferisce una tonalità grigio-argentata al naturale colore viola, quasi annebbiandolo. E' la famosa "muffa" che rende unico il sapore dei vini prodotti con queste uve, tant'è che, in gergo contadino, è detta *"muffa nobile"*.

Del Nebbiolo ne scrive per la prima volta, alla fine del XlII secolo, Pier de' Crescenzi nel suo "Trattato della Agricoltura". Sempre nel 1200, altri documenti lo descrivono coltivato sino al Pinerolese, ritenendolo il vitigno piemontese per eccellenza.

Gli Statuti di La Morra lo citano nel 1431 (*nebiolium*) insieme al pignolo.

Attualmente, il vitigno Nebbiolo è coltivato in poche zone privilegiate e raggiunge soltanto il 3% della produzione vinicola Piemonte. Gli ettari vitati sono la metà di quelli coltivati a Dolcetto e un decimo circa di quelli coltivati a Barbera.

E' il vino padre dei due grandi del Piemonte: Barolo e Barbaresco, che derivano dal medesimo vitigno, ma si configurano in modo diverso dal Nebbiolo generico per la particolare tipologia del terreno ove cresce il vitigno. Ciò gli permette, comunque, di avere, anche se in misura minore, quelle caratteristiche che fanno grandi Barolo e Barbaresco e la propensione all'invecchiamento.

L'alpigiano CAREMA

Zona di produzione: nord Canavese

Vitigno: Nebbiolo, nelle varietà locali Picutener e Prugnet

Colore: rosso rubino volgente al granato.

Profumo: intenso e pieno, ricorda la rosa macerata.

Sapore: morbido, corposo e vellutato.

E' il figlio dell'uva Nebbiolo della provincia di Torino. Prodotto sulle pendici dei monti che dividono la provincia di Torino dalla Valle d'Aosta, è una importante vino rosso da invecchiamento, che ha in se il DNA di suo padre Nebbiolo.

Prende il nome dalla zona di produzione: il paese di Carema.

Tra Storia e Leggenda

Le vigne di Nebbiolo, da cui si produce il Carema, sono uno spettacolo della natura e una testimonianza unica dell'ingegnosità e bravura dei contadini di montagna. Capolavori di ingegneria, testimoniano la lotta per la sopravvivenza su una terra erta e difficile. I ripidi pendii furono infatti, nei secoli, trasformati dall'uomo in gradoni, ottenendo strette strisce di spazio poi riempito con la terra portata a spalle, nelle gerle, dal fondo valle alluvionale.

Non solo; per vincere lo sbalzo termico notte-giorno, quei contadini di montagna inventarono la coltivazione su *"topie di pietra"*: pergolati posti su pilastri fatti con la pietra, per fruttarne la capacità, di giorno, di accumulare il calore del sole e, di notte, di restituirlo alla vigna.

Ancora oggi la coltivazione delle uve da cui deriva il Carema avviene secondo i metodi antichi: tanta fatica per arrivare sui pendii dove ci sono le vigne e lavoro esclusivamente a mano delle medesime, senza macchinari di sorta.

ALTRI ROSSI DEL VITIGNO NEBBIOLO
CON AGGIUNTA DI ALTRE UVE

GATTINARA

Zona di produzione: Gattinara

Vitigno: Nebbiolo varietà Spanna al 90-100%; è ammessa l'aggiunta di Vespolina e/o Uva rara sino ad un massimo del 10%.

Colore: rosso granato con sfumature arancioni in invecchiamento.

Profumo: fine e gradevole, con sentore di mammola.

Sapore: asciutto, sapido ed armonico con retrogusto amarognolo e persistente.

Invecchiamento minimo di 35 mesi, di cui 24 in legno.

È prodotto con uve Nebbiolo, con minime aggiunte di uva Bonarda di Gattinara ed è il più importante ed aristocratico dei vini Novaresi. Da molti è ascritto alla schiera dei grandi vini di Langa, di cui condivide anche la propensione all'invecchiamento. Prende il nome dall'omonima zona di produzione: Gattinara, in provincia di Vercelli.

Tra Storia e Leggenda

Ha origini antichissime: i primi documenti che lo citano risalgono al 1200, anche se, probabilmente, è più antico ancora. Pare infatti che l'uva in quelle zone sia stata impiantata dai Romani fin dal 150 a.c. Un suo riconosciuto padre, per la nomea e la diffusione che gli diede, fu il cardinale Mercurio Arborio, cancelliere di Carlo V, che, secondo la Tradizione, stimolò la produzione di questo vino, per lui ritenuto irrinunciabile durante i lauti pasti imperiali.

BOCA

Zona di produzione: Boca, Maggiora, Cavallirio, Prato Sesia e Grignasco.

Vitigno: Nebbiolo varietà Spanna dal 70% al 90%, unito a Vespolina e Uva rara (Bonarda novarese), da sole o congiuntamente dal 10% fino al 30%.

Colore: rosso rubino brillante con sfumature di granato.

Profumo: pieno e caratteristico, con sentore di mammola.

Sapore: sapido e asciutto con retrogusto di melagrana.

Invecchiamento minimo di 34 mesi di cui 18 in legno e di 46 mesi di cui 24 in legno per la versione riserva.

Vino rosso di pregio figlio dell'uva Nebbiolo con aggiunte di uva Vespolina e Bonarda, è uno dei tre gemelli, insieme a Sizzano e Lessona, di questa pratica vinicola Novarese. Prende il nome dalla sua zona di produzione: il comune di Boca sulle prime pendici delle Prealpi Novaresi.

FARA

Zona di produzione: Briona e Fara Novarese

Vitigno: Nebbiolo varietà Spanna al 50% al 70%, unito a Vespolina ed Uva Rara (Bonarda novarese) da sole o congiuntamente dal 30 al 50%

Colore: rosso rubino.

Profumo: fine con sentore di mammola.

Sapore: asciutto, sapido ed armonico.

Invecchiamento minimo di 22 mesi di cui almeno 12 in legno, mentre per la versione riserva è di 34 mesi di cui almeno 20 in legno.

E' un vino rosso, poco conosciuto ma di grande pregio. Figlio dell'uva Nebbiolo ed altre uve, viene prodotto in Valsesia ed è un vino da invecchiamento. Prende il suo nome dalla zona di produzione: Fara Novarese, tra i fiumi Sesia e Agogna, a sud di Romagnano, in provincia di Novara.

GHEMME

Zona di produzione: Ghemme e Romagnano Sesia.

Vitigno: Nebbiolo varietà Spanna al 85%, unito a Vespolina ed Uva Rara (Bonarda novarese), da sole o congiuntamente sino ad un massimo del 15%

Colore: rosso granato.

Profumo: fine e gradevole, con sentore di viola.

Sapore: asciutto, sapido ed armonico a retrogusto amarognolo.

Invecchiamento minimo di almeno 34 mesi di cui almeno 18 in legno, mentre per il Ghemme riserva è di almeno 46 mesi di cui 24 in legno.

Vino rosso che prende il nome dalla cittadina di Ghemme, in provincia di Novara, ove vi è millenaria Tradizione vitivinicola, risalente all'imperatore romano Tiberio, nel I secolo dopo Cristo. È un vino prodotto con uve Nebbiolo unite ad altri uvaggi e, come tale, ha le caratteristiche proprie del Nebbiolo. Molto simile al Gattinara, può esserne considerato il fratello meno noto, anche se non certo minore.

LESSONA

Zona di produzione: Lessona

Vitigno: Nebbiolo varietà Spanna al 85%, unito a Vespolina ed Uva Rara (Bonarda novarese), da sole o congiuntamente sino ad un massimo del 15%

Colore: rosso granato con sfumature arancioni in invecchiamento.

Profumo: fine ed intenso con sentore di viola.

Sapore: asciutto, sapido e tanninico con retrogusto persistente.

Vino rosso delle Prealpi Biellesi, prende il nome dal comune di sua massima produzione: Lessona.

Figlio dell'uva Nebbiolo, a cui viene aggiunta uva Vespolina e Bonarda, è un vino importante, che mantiene nel DNA le caratteristiche del padre Nebbiolo. Ha due gemelli: il Sizzano ed il Boca.

ROERO

Zona di produzione: Roero

Vitigno: Nebbiolo ogni varietà al 95% unito ad Arneis.

Colore: rosso rubino più o meno intenso con riflessi granati se invecchiato.

Profumo: delicato, fragrante fruttato e con profumo caratteristico, etereo se invecchiato.

Sapore: asciutto, di buon corpo, vellutato, armonico di buona persistenza.

Tra Storia e Leggenda

La leggenda vuole che i romani, allorché sottomisero le popolazioni celtiche che vivevano tra le colline che arrivano sino al fiume Tanaro e si presentano come la naturale continuazione oltre il fiume (*'dla da Tane* come si dice ad Alba) della Langa, abbiano disboscato le grandi foreste di quell'area, portando la vite.

Ovviamente non è dato di saper quale vitigno fosse stato allora piantato, mentre è dato certo che, a partire dai primi anni dopo Cristo, queste colline contrapposte alla Langa risultassero ricche di vigneti.

E' solo del Medioevo la prima informazione sulla varietà di vigneto presente su queste colline: nebbiolo.

Sempre nel Medioevo vi è anche l'origine del nome di quest'area geografica: Roero, dal nome della famiglia feudataria che le occupò per svariati secoli ed ancor oggi vive lì, nello storico castello di Monticello d'Alba.

Solo in epoca recentissima (fine 1900), questo vino prese il nome delle colline da cui nasce: Roero.

Sino a quella data veniva denominato semplicemente "Nebbiulin", per distinguerlo dal più corposo Nebbiolo di Langa, e non era raro trovarlo vinificato "rosè", da bersi fresco di pozzo durante l'estate, o dolce, come vino da dessert.

Due tipologie di vinificazione ormai praticamente scomparse, ma che oggi, qualche vinificatore, sta riportando in vita, in particolare con riferimento al rosè.

SIZZANO

Zona di produzione: versante orientale della valle del Sesia

Vitigno: Nebbiolo varietà Spanna al 50% al 70%, unito a Vespolina ed Uva Rara (Bonarda novarese) da sole o congiuntamente dal 30 al 50%

Colore: rosso granato con sfumature arancioni in invecchiamento.

Profumo: fine ed intenso con sentore di viola.

Sapore: asciutto e sapido con retro gusto di melograno.

Vino rosso di pregio figlio delle uve Nebbiolo, a cui vengono aggiunte uve Vespolina e Bonarda, come per il Lessona ed il Boca di cui è gemello. Prende il nome dal paese di Sizzano, in provincia di Novara, ove è prodotto, e fu un vino molto in voga nel 1800, tra l'altro tra i preferiti di Cavour, che lo poneva al pari dei grandi vini di Borgogna.

I ROSSI DEL VITIGNO DOLCETTO

Il Vitigno Dolcetto

Il vitigno Dolcetto è attestato in Piemonte fin dal Medioevo. Il bando vendemmiale di Dogliani del 28 agosto 1593 fa infatti riferimento ai "*duset*" e, quindi, ci induce a ritenere che ci fosse la sua coltura in terra di Langa fin dai tempi antichi.

Proprio dal nome "*duset*", con cui vengono chiamate in dialetto le dolci mammelle collinari della Langa, che si susseguono una all'altra nel formare le caratteristiche colline di questa zona, prende infatti il nome l'uva Dolcetto, che è coltivazione caratteristica della zona, e in conseguenza, il vino.

Tuttavia è soltanto verso la seconda metà dell'Ottocento che possiamo parlare di una sua ampia diffusione. La dolcezza dell'uva, tant'è che in Langa viene anche consumata quale uva da tavola, unita alla sua minima acidità, hanno reso il Dolcetto il vino per il pasto quotidiano.

Secco e poco acido, al Dolcetto si ascrivono anche molte doti terapeutiche, in quanto figlio di un'uva ricca di ferro, manganese e potassio.

Sino a metà 1900, l'uva Dolcetto è stata, nel periodo vendemmiale, oggetto di molte diete, delle quali costituiva l'ingrediente principale.

Era chiamata "*cura dell'uva*, una antica ricetta per star bene, figlia della grande esperienza del mondo contadino di Langa, che consisteva nel mangiare 4 o 5 grappoli di uva Dolcetto al mattino a digiuno, accompagnati da bicchieri di mosto di questo vino.

Sempre in Langa, è poiconsuetudine contadina il far bere Dolcetto alle donne gravide, giacché si ritiene sia foriero di futura buona produzione di latte, sia qualitativamente che quantitativamente. Forse la scienza medica non riconosce questa terapia, ma certo è che quanto meno serve a rendere ancor più piacevole la dolce attesa per le future mamme...

I primari vini ricavati dal vitigno dolcetto sono: Dolcetto d'Alba, Dolcetto di Diano, Dolcetto di Dogliani.

Il Docetto di Dogliani fu il vino del Presidente della Repubblica Luigi Einaudi, nativo di queste terre, che da convinto estimatore, nonché produttore, fu tra i primi a gettare le premesse per una sua concreta valorizzazione ed affermazione anche fuori Piemonte.

A proposito del liberale Luigi Einaudi, e della sua grande correttezza e moralità, è interessante sapere che, tra i primi suoi decreti da Presidente della Repubblica, ci fu quello che vietava l'uso del Dolcetto nei pranzi di Stato... essendo lui produttore, volle evitare che il suo vino potesse essere privilegiato a spese del contribuente.

Che storia visto ciò che accade oggi... veramente una storia di un altro secolo.

Accanto a questi tre Dolcetti, che possiamo dire figli della più autentica qualità e Tradizione del Dolcetto, non mancano poi Dolcetti di altre zone del Piemonte, tra cui quello delle Langhe Monregalesi, di Clavesana, di Asti o di Ovada, solo per citarne alcuni.

DOLCETTO d'ALBA

Zona di produzione: Langa Albese
Vitigno: Dolcetto.
Colore: rosso rubino tendente a volte al violaceo nella schiuma.
Profumo: vinoso, gradevole, caratteristico, di ciliegia e ribes rosso macerati.
Sapore: asciutto, gradevolmente amarognolo, di buon corpo, armonico.

DOLCETTO di DIANO

Zona di produzione: Diano d'Alba
Vitigno: Dolcetto.
Colore: rosso rubino tendente a volte al violaceo nella schiuma.
Profumo: vinoso, gradevole, caratteristico, di ciliegia e ribes rosso macerati; di mandorla nel finale.
Sapore: asciutto, gradevolmente amarognolo, di buon corpo, armonico e gradevolmente ammandorlato.

DOLCETTO di DOGLIANI

Zona di produzione: Bastia, Belvedere Langhe, Dogliani, Monchiero, Clavesana, Farigliano, Rocca di Cigliè, e parte dei comuni di Roddino e Somano
Vitigno: Dolcetto.
Colore: rosso rubino tendente a volte al violaceo nella schiuma.

Profumo: vinoso, gradevole, caratteristico, di ciliegia e ribes rosso macerati.

Sapore: asciutto, gradevolmente amarognolo, di moderata acidità, di buon corpo, armonico leggermente tanninico.

I ROSSI DEL VITIGNO BARBERA

Il Vitigno Barbera

In passato e fino a pochi decenni fa, si riteneva che la Barbera fosse una varietà "giovane ", acclimatata in Piemonte solo nel corso del Settecento. Tale convinzione derivava dalla mancanza di ogni anteriore documento su questo vitigno.

Solo nel decennio 1960 si scoprono infatti documenti datati 1514 attestanti vigne di Barbera nel Chierese e altri, del 1609, documentanti la coltivazione di Barbera in Astesana (Asti).

Sino a quel momento, la storia della Barbera veniva fatta partire dal 1798 e dalla citazione che ne fece il conte Pergamo di Scandeluzza nel Calendario da lui pubblicato. La scarsa documentazione su questo vino oggi diffusissimo, derivò dal fatto che il Barbera era vino popolare e ordinario, genericamente definito *"vinum negrum"* nei documenti a partire dal X e sino al XVII secolo e, quindi, non degno di un nome proprio che lo distinguesse dai vini nobili (Nebbiolo, Moscato, Barbaresco, Dolcetto, ecc.).

Per lunghissimo periodo, la Barbera è stato *"il fante dei vini piemontesi, pistapauta e scaccianebbie"* (P. Monelli), e i fanti, si sa, non vengono mai chiamati per nome.

Nell'antichità le vigne Astigiane erano descritte solo come piene di uva Grissa (semplicemente: grigia) e di altre varietà modeste ed innominate, usate genericamente per "fare il vino", ossia il contraltare ed il complemento del pane dei poveri. Altra cosa erano i Nebbioli, le Malvasie, i Moscati, i Dolcetti: uve per fare i vini per i signori, vini da vendere e non da bere tra poveri. Ebbene, quella Grissa Astigiana altro non era che la mamma della Barbera.

Solo tra il XV e XVI secolo il vitigno iniziò ad assumere il nome attuale, visto che la sua più antica attestazione conosciuta risale al 1514, ed è contenuta nei catasti di Chieri.

Il nome Barbera deriverò dai cavalli bàrberi (cavalli da corsa il cui nome deriva da Bàrberia, il territorio dei Bèrberi , ovvero il Marocco, l'Algeria, la Tunisia e la Libia), che poco prima del 1500 comparvero al Palio d'Asti e si distinsero per l'irruenza e l'aggressività, caratteri propri anche di questo allora diffusissimo ma anonimo vino, che dominava sulle colline dell'Astigiano.

Un frate racconta, verso la fine del 1500, di questo "vino di grisa" che qualcuno, ad Asti, cominciò a chiamare Barbera, usando per il vino il nome dei cavalli giunti da oltremare. Con il 1600-1700 la diffusione della Barbera si consolidò nell'Astigiano e nel vicino Monferrato.

Nelle Langhe arrivò invece tardi. Nel 1882 Lorenzo Fantini, autore di una "*Monografia sulla Viticoltura ed Enologia nella Provincia di Cuneo*", afferma che nel circondario di Alba la Barbera si diffuse solo verso il 1850, anche se già nel 1690 il conte Pietro Francesco Cotti di Asti, con scarsa fortuna, aveva atto impiantare vigne di Barbera nelle sue tenute di Neive.

Infine un'annotazione, il suo nome autentico è "la Barbera" e non, come spesso si ode, "il Barbera".

BARBERA d'ALBA

Zona di produzione: Langa Albese e Roero
Vitigno: Barbera al 100%.
Colore: rosso rubino intenso da giovane, con tendenza al granato in fase d'invecchiamento.
Profumo: vinoso, piacevolmente floreale (rosa scura), intensamente fruttato (ciliegia ammostata); col tempo assume note di liquirizia, di tabacco e di caffè.

Sapore: asciutto, di buona struttura, ricorda il fiore della rosa e i frutti a bacca rossa. Invecchiando assume compostezza, grande equilibrio ed armonia fra l'acidità e i tannini dei legni, accrescendo fragranza ed eleganza.

Invecchiamento minimo non previsto; 12 mesi per definirla "Superiore".

BARBERA d'ASTI

Zona di produzione: Astigiano
Vitigno: Barbera al 90% + 10% altri uvaggi
Colore: rosso rubino intenso da giovane, con tendenza al granato in fase d'invecchiamento.
Profumo: vinoso, piacevolmente floreale (rosa scura), intensamente fruttato (ciliegia ammostata).
Sapore: asciutto, di buona struttura, ricorda il fiore della rosa e i frutti a bacca rossa. Invecchiando assume compostezza, grande equilibrio ed armonia fra l'acidità e i tannini dei legni, accrescendo fragranza ed eleganza.

Invecchiamento minimo non previsto; 14 mesi, di cui 6 in botte, per definirla "Superiore".

BARBERA del MONFERRATO

Zona di produzione: Monferrato
Vitigno: Barbera minimo 85%, Freisa, Grignolino, Dolcetto massimo 15%.

Colore: rosso rubino intenso.

Profumo: vinoso, piacevolmente floreale (rosa scura), intensamente fruttato (ciliegia ammostata).

Sapore: asciutto, di buona struttura, di acidità notevolmente spiccata, ricorda i frutti a bacca rossa. Si presenta anche vivace e molto vinosa.

Invecchiamento minimo non previsto; 12 mesi per definirla "Superiore".

ALTRI ROSSI DI VITIGNI VARI

BONARDA PIEMONTESE

Zona di produzione: Torino, Biella, Asti, Alessandria, Cuneo, Verbano-Cusio-Ossola.

Vitigno: Bonarda min. 85%, unita a altri vitigni a bacca rossa.

Colore: rosso rubino carico, tendente al granato.

Profumo: fruttato, con sentore di pepe nero.

Sapore: secco, leggermente tanninico, a volte vivace.

E' un antichissimo vino rosso piemontese proprio della prassi quotidiana contadina, ottenuto da un'uva nera denominata "Bonarda Piemontese", diversa da quella utilizzata nell'Oltrepo Pavese, ove è diffusissimo un diverso vino Bonarda.

Vino sempre ritenuto da tavola, tanto fermo che vivace, non ha mai goduto di grande prestigio: è sempre stato solo il vino del contadino. Il suo nome deriva dal dialettale "Bunarda", che significa "semplice e buona".

FREISA DI CHIERI e FREISA D'ASTI

Zona di produzione: Chierese e Collina Torinese, con ulteriore diffusione fino ai confini con il Basso Monferrato

Vitigno: Freisa minimo 90% con massimo 10% da altri vitigni a bacca nera.

Colore: rosso rubino non troppo intenso.

Profumo: delicato con ricordo di lampone.

Sapore: fresco con sottofondo di lampone, a volte vivace.

Vino rosso scuro, prodotto dal vitigno Freisa, principalmente sulle colline tra Asti e Torino ed in particolare nel Chierese. Un tempo veniva consumato soprattutto come vino amabile, mentre oggi è primario il consumo e la produzione di quello secco, sia fermo che vivace.

Due ricercatori, Anna Schneider e Vincenzo Gerbi, a seguito di eseguite analisi genetiche, né sostengono una parentela con il Nebbiolo, ipotizzando che il Freisa derivi da un incrocio spontaneo del Nebbiolo con un altro "genitore" scomparso o ancora ignoto.

Risale al 1517 la prima menzione scritta del Freisa, in un tariffario doganale del comune di Pancalieri, nella pianura a sud di Torino. Nel documento si legge *"carrate et somate Fresearum"*, segnalandola come uva di pregio, pagata il doppio di una varietà comune.

Il nome parrebbe derivare dal francese *"fraise"*, che significa fragola, dal profumo che contraddistingue questo vino.

Nel 1500-1600, durante le ripetute epidemie di peste, la Freisa era ritenuta, a Chieri, l'unico rimedio contro il contagio.

Corre in ultimo ricordare che, nel 2010, una delle primarie aziende produttrici di Freisa, ha compiuto un'operazione di squisito marketing, prendendo in gestione a Torino lo storico *"grande appezzamento di vigneto popolato da piante fruttifere"* che si trova all'interno della residenza sabauda nota come Villa della Regina, così generando un vigneto cittadino da cui si ricava un vino metropolitano.

GRIGNOLINO d'ASTI

Zona di produzione: Monferrato Casalese.

Vitigno: Grignolino eventualmente accompagnato dal vitigno Freisa fino ad un massimo del 10%

Colore: rosso rubino chiaro, tendente all'aranciato.

Profumo: delicato e persistente con ricordo di ciliegia e spezie.

Sapore: asciutto, leggermente tanninico, con retrogusto amarognolo e mandorlato.

Un vino di gran moda nel 1800, tanto da essere citato dal Re Umberto I come uno dei migliori vini del mondo, che la scienza medica (Università di Havard e Cornell negli USA) considera, per la sua ricchezza di antiossidanti polifenoli, utile per prevenire malattie cardiocircolatorie, con ciò riconoscendo l'antica e sana abitudine contadina di "bere vino" per star bene.

Il vitigno ha lo steso nome del vino: Grignolino ed il suo nome deriva dai tanti vinaccioli presenti nell'acino, in dialetto piemontese detti *"grignole"*

ROUCHÈ di CASTAGNOLE MONFERRATO

Zona di produzione: Monferrato astigiano.

Vitigno: Ruchè per minimo del 90% unito a Barbera e Brachetto per un massimo del 10%.

Colore: rosso rubino non molto carico, con riflessi violacei.

Profumo: intenso, persistente e fruttato, leggermente aromatico.

Sapore: secco, tanninico di medio corpo ed aromatico.

Vino di omonimo vitigno autoctono della zona di Castagnole Monferrato (provincia di Asti), ove il termine autoctono indica un'uva nata e sviluppatasi in quel luogo, adattandosi al territorio fin quasi a fondersi con esso.

E' un vino mediamente importante e di origini molto antiche. Così come accade per i nobili casati, che vantano alberi genealogici che risiedono nei meandri del tempo, anche l'uva autoctona, come tale, risiede, infatti, nel luogo di origine da secoli.

Il nome, ma non vi è certezza storica, probabilmente deriva dal termine dialettale per indicare le formazioni rocciose che affiorano dalle colline su cui viene coltivata l'uva da cui deriva questo vino: *roche.*

VALSUSA

Zona di produzione: Valle di Susa

Vitigni: Avanà, Barbera, Becquét, Dolcetto e Neretta cuneese miscelati tra loro.

Colore: generalmente rosso rubino che, in base alle miscele di uve, può tendere al granato carico.

Profumo: profumo intenso con delicati accenni speziati, in particolare in miscele ricche di Avanà.

Sapore: secco e pieno, moderatamente tanninico; più marcatamente tanninico in miscele a base Barbera.

Il Valsusa, corre precisare che non è un vino, ma un'area geografica a cui il legislatore italiano, nel 1997, ha riconosciuto un DOC vinicolo, per dare dignità a piccole produzioni locali, antiche e pregiate, di vini, ottenuti da ben 5 diversi vitigni (Avanà, Barbera, Becquét, Dolcetto e Neretta cuneese), le cui uve di riferimento, se miscelate tra loro o vinificate in purezza, portano quindi il nome di vino Valsusa.

Son vitigni di montagna, in parte coltivati su antiche terrazze assolate, costruite dai montanari nei secoli scorsi pietra su pietra, per rubare un po' di terra al pendio, che ricevono il sole caldo durante le giornate estive ed il fresco della notte in tarda estate, così concorrendo, unitamente al terreno calcareo, a dar vita ad un mix perfetto per ottenere vini eccellenti.

Tra questi 5 vitigni, due sono storicamente presenti nella Valsusa: Becquét e Avanà; quest'ultimo, poi, parrebbe anche autoctono, se non di antica origine savoiarda come sostenuto da taluni.

Se in miscela predominante di Avanà o se ricavato da Avanà in purezza, il vino Valsusa ben può ascriversi ai vini rossi importanti, tant'è che, sin dal 1700, i mercanti francesi si recavano nella conca di Susa per acquistare i pregiatissimi vini che venivano prodotti, in particolare a Chiomonte (frazione Ramat), Gravere, Meana, Mattie e Mompantero.

VERDUNO PELAVERGA

Zona di produzione: Verduno, La Morra e Roddi d'Alba

Vitigno: Pelaverga Piccolo

Colore: rosso rubino carico tendente al granato.

Profumo: armonico ed intenso con ricordo di pepe e rosa.

Sapore: fresco e fruttato, con retro gusto sapido leggermente ammandorlato.

Il "Pelaverga" è un vitigno di origini antiche, ma solo recentemente è stato riscoperto ed è oggi in fase di espansione, anche se la produzione è ancora limitatissima.

Già menzionato dai tempi più antichi con questo nome, pare che il vitigno sia stato introdotto nel 700 dai frati seguaci di San Colombano.

Andrea Saluzzo del Castellar, nel suo libro di memorie, narra che già nel 1511 Margherita di Foix, moglie di Ludovico II marchese di Saluzzo, mandava in omaggio ogni anno *"una trantena di botalli"* di questo vino a Papa Giulio II.

Vino di Langa (Verduno), al Pelaverga si attribuiscono poteri afrodisiaci, poteri che alimentarono il suo mito presso la Corte Savoia e che, leggenda vuole, ne abbiano generato il nome maliziosamente evocativo… che uno scritto ottocentesco afferma esser talmente *"sconveniente a dirsi che mai nessuno lo scrisse"*.

Si racconta che Carlo Alberto, al termine di una serata con amici all'interno del Castello di Verduno, chiese a tutti di firmare uno specchio della sala da pranzo… e quello specchio ancora oggi resta a testimoniare l'allegro passato di questo vino.

Di vino Pelaverga, peraltro, il Piemonte ne conta due: quello di Verduno ora visto ed un altro, altrettanto storico ma meno pregiato, delle Colline Saluzzesi, la cui coltivazione si collega egualmente ai concetti di viticoltura monastica. La Tradizione locale assegna infatti ai monaci dell'abbazia di Pagno, sita nell'appartata valle Bronda, il merito di aver introdotto nel Saluzzese la coltivazione del vitigno Pelaverga, che il conte Nuvolone Pergamo, nel suo celebre studio ampelografico del 1798, menzionerà come varietà diffusa in tutta la valle Bronda

I VINI AMABILI ROSSI

BRACHETTO d'ACQUI

Zona di produzione: Acqui Terne, Terzo, Bistagno, Alice Belcolle, Strevi, Riccaldone, Cassine, Visone, oltre ai comuni Astigiani situati sulla destra del torrente Belbo .

Vitigno: Brachetto.

Colore: rosso rubino chiaro.

Profumo: delicato e fruttato.

Sapore: delicato e dolce, con ricordo di frutta passita.

Lo spumeggiante Brachetto d'Acqui è stato, in Italia, il primo vino rosso dolce a fregiarsi della Denominazione d'Origine Controllata e Garantita.

Il suo attuale nome, in quanto anticamente era denominato con il termine latino di *"vitis acquaes tatellensis"* richiamando con ciò la fama termale diAcqui, pare derivi dalla italianizzazione di un famoso e storico vino francese: il Braquet Noir de Nice, estremamente ricercato nel 1600 e simile al Brachetto.

Prodotto solo nei vigneti dell'Alto Monferrato Acquese, ha la sua patria d'elezione in Acqui Terme, famosa per il vino e per l'acqua termale.

Vino antichissimo e di gran pregio da sempre, ha origini testimoniate da scritti medievali ed era il vino che, nel 1500, il cantiniere del papa Paolo III citava nei suoi elenchi di cantina, elogiandone le grandi qualità.

Ormai raro per la scarsissima produttività dell'uva e, quindi, l'alto costo, nel ventennio fascista fu un vino simbolo, di cui il Duce Mussolini invitava pubblicamente al consumo pomeridiano con i pasticcini, in sostituzione dell'anglofono Tè.

La leggenda lo indica come il famoso vino di Gianduia, maschera ufficiale del Piemonte, che di questo vino riempiva la sua famosa Duja, con cui brindava con gli amici. Dire che è il vino delle feste, il vino della risata in compagnia e il dare, a questo nettare dolce del Piemonte, il suo vero ruolo di ieri e di oggi.

MALVASIA di CASTELNUOVO DON BOSCO

Zona di produzione: Albugnano, Berzano, Castelnuovo Don Bosco, Moncucco, Passerano Marmorito, Pino d'Asti.

Vitigno: Malvasia di Schierano al 85% + Freisa al 15%.

Colore: rosso cerasuolo.

Profumo: fragrante di uva, penetrante.

Sapore: dolce aromatico.

Il vitigno Malvasia è proprio di una grandissima famiglia, essendo parecchie decine le Malvasie esistenti in Italia e non solo.

Di origini certamente greche e più precisamente del Peloponneso, un tempo chiamato Morea, prende il nome dalla città greca di Monembasia, celebre per i suoi vini.

Questo vitigno, per opera della Serenissima, si diffuse, tra il 1300 e il 1600, in larga parte dell'Europa, a partire da Creta per arrivare poi in Italia del Nord, da cui passò successivamente in Spagna, Portogallo e Francia, fino alle isole Canarie. Italianizzato, il vitigno di "Monembasia" divenne "Malvasia".

I primi vitigni di Malvasia italiani li releviamo in Istria e Veneto nel 1300 circa, di lì arrivarono, verso il 1600, in Piemonte.

Tipico vino dolce da fine pasto e dessert, la Malvasia è estremamente radicata nelle colline che dividono la provincia di Torino da quelle di Asti ed un tempo, stante il baso grado alcolico, era il vino permesso, durante i banchetti, ai bambini, una sorta di nave scuola verso il piacere del bere.

Molto amato dalle donne, non mancava mai nella cantina sia di contadini che di famiglie nobiliari ed era la bottiglia che un tempo, fresca di pozzo, spesso assisteva, muta, ai convegni amorosi.

I VINI BIANCHI

ARNEIS

Zona di produzione: Colline del Roero sino a Pocapaglia e Sommariva Perno

Vitigno: Arneis.

Colore: paglierino intenso, leggermente ambrato.

Profumo: delicato e paglierino.

Sapore: asciutto, leggermente amarognolo.

E' un vino non molto antico, legato all'abitudine dei contadini del Roero, colline che si affacciano sul fiume Tanaro contrapposte a quelle di Langa, di impiantare qualche ceppo di vitigno bianco tra i filari di nebbiolo, per produrre uva da vinificare "dolce" ed ottenere "*il vino delle feste e dell'allegria, capace di ritemprare lo spirito delle donne*". Ma anche per salvare la vendemmia da piovosi autunni, visto che la maturazione di queste uve bianche avveniva molto prima delle uve rosse.

La sua prima citazione risale solo al 1877, ad opera del Rovasenda, mentre per la prima dettagliata descrizione occorre arrivare all'opera del Molon del 1909, anche perché, un tempo, era chiamato semplicemente "*Bianchetta*" o, tutt 'al più, "*Nebbiolo Bianco*".

Questo vino, certamente ben più antico del 1877, ma comunque abbastanza recente, è rimasto privo di specifico riconoscimento storico perché, in origine, veniva mescolato con il rosso, per ottenere un vino leggero da pasto, una sorta di rosato da bere in estate fresco di pozzo.

Sull'origine del suo nome esistono varie leggende.

Per taluni deriverebbe dalla *"arnia"* delle api, solitamente posizionata nelle zone meno viticole della collina dove, per l'appunto, trovava spazio questo vitigno un tempo di scarso interesse. Per altri dal piemontese *"bel arneis"*, con cui si indicavano soggetti un po' fuori dalle regole, come era questo vino per quell'area. Per altri, in ultimo, deriverebbe dalla storpiatura del termine latino *"renessium"* con cui, e vi è un documento del 1478, venivano definiti in genere i vitigni da uva bianca.

Oggi molto di moda, è il vino che fu servito a Papa Giovanni Paolo II durante una sua visita in Piemonte, che lo apprezzò moltissimo, tanto da farlo inserire tra i vini da consumo del Vaticano.

CHARDONNAY

Zona di produzione: tutto il Piemonte ed in particolare Langa e Monferrato.

Vitigno: Chardonnay.

Colore: dal giallo paglierino al giallo dorato

Profumo: frutta matura, con prevalenza di mela, ananas e banana.

Sapore: spiccate note di mineralità, con sentore di macedonia.

È un vino bianco che, in Piemonte, risale ai primi del 1800, allorché il Marchese di Sambuy e altri nobili piemontesi portarono il relativo vitigno dalla vicina Francia, per realizzare lo spumante piemontese.

Un vitigno di cui taluni pongono le origini sulle Colline di Gerusalemme, dal nome di origine ebraica, altri nell'antica Persia ma che, tendenzialmente, si ascrive alla Borgogna francese, da cui si diffuse su tutto il pianeta, portando spesso ad un appiattimento delle sue caratteristiche organolettiche, con omologazione di vini anche banali.

Vitigno maledetto dai contadini dei primi del 1900, in quanto lo ritenevano responsabile della filossera (la più diffusa malattia delle viti), è oggi presente in particolare in Langa ed è notevolmente utilizzato anche per la produzione di spumanti secchi.

CORTESE DELL' ALTO MONFERRATO

Zona di produzione: Monferrato Alessandrino ed Astigiano

Vitigno: Cortese.

Colore: paglierino chiaro.

Profumo: tenue e persistente.

Sapore: asciutto, leggermente amaro.

Il Cortese è uno dei più diffusi vitigni bianchi piemontesi. Proprio dell'Alto Monferrato, tra le province di Asti ed Alessandria, è certamente un vitigno autoctono ed antichissimo.

Nel 1614, questo vino era presente nelle cantine del castello di Casale Monferrato, come si evince da un inventario di contenitori da vino di quell'anno, anche se la prima descrizione abbastanza dettagliata dell'uva Cortese si trova solo nella ampelografia dei vitigni coltivati in territorio piemontese, compiuta dal Conte Nuvolone, nel 1798.

È un vino attualmente utilizzato anche per la produzione di spumane ed un tempo era presente in molte aree del Piemonte, come attestato da uno scritto del 1852, che lo cita sia nell'attuale zona di produzione che nel Torinese e nel Cuneese.

Difficile risalire all'origine del nome del vitigno e, quindi, all'origine del nome del vino, anche se parrebbe ascrivibile ad un uso femminile di tale vino, da cui "*vin cortese*".

ERBALUCE di CALUSO

Zona di produzione: Caluso e i comuni della Serra di Ivrea a cavallo tra le province di Torino e Biella

Vitigno: Erbaluce.

Colore: giallo paglierino brillante.

Profumo: delicatamente vinoso con ricordo di prato.

Sapore: secco, leggero, fresco e moderatamente erboso.

Forse il vino prodotto da un vitigno a bacca bianca più antico del Piemonte, le cui origini, certamente autoctone, sono tutt'ora misteriose, anche se si ritiene provenga dalle umide valli prealpine a nord di Torino.

Il suo nome è dovuto al fatto che i grappoli, nei periodi autunnali, acquistano, nelle prime ore di sole del mattino, riflessi ramati e rosati, per cui, un tempo, era chiamato "*alba lucente*".

Nei secoli, peraltro, il suo nome si è più volte modificato, divenendo *Albaluce, Uva Rustia, Biancheria, Bianc Rousti* e, in ultimo, *Erbalus*.

Di questo vitigno della bassa montagna dell'alto Canavese ci sono citazioni storiche importanti, tra cui quella di Plinio il Vecchio di duemila anni fa e quella di Papa Farnese nel '500, che, da grande stimatore di questo vino bianco, non faceva mai mancare sulla propria tavola il prezioso passito, già allora prodotto dall'uva Erbaluce.

L'Erbaluce non è, però, mai stato un vitigno molto diffuso, era infatti presente nel vigneto quasi solo quale pergolato nei viottoli di accesso ai filari di uve rosse. Come tutte le uve bianche era considerato, potremmo dire con dizione di oggi, di serie B.

Le vigne dedicate completamente all'Erbaluce erano pochissime e quasi solo posizionate nei possedimenti dei nobili locali; non a caso il primo vero diffusore sui mercati dell'Erbaluce fu il Conte Biandrate di San Giorgio Canavese, il cui passito trovava grande riscontro commerciale sulla piazza torinese.

L'Erbaluce è certamente un vitigno "eclettico", tant'è che, oltre che per il vino omonimo, la sua uva serve anche per produrre ottimi spumanti, in zona chiamati "vino rifermentato", ed un passito.

FAVORITA

Zona di produzione: Langhe e Roero
Vitigno: Favorita dall'85% al 100%. Per l'eventuale restante 15% possono concorrere le uve provenienti da vitigni raccomandati o autorizzati, non aromatici.
Colore: giallo paglierino
Profumo: delicato con eventuali sentori di legno
Sapore: secco con retrogusto amarognolo
E' un vino bianco prodotto con l'uva del vitigno Favorita, tradizionalmente coltivata sulle colline

albesi, soprattutto alla sinistra del fiume Tanaro. Delicato e secco, pare prenda il nome dall'essere la *"favorita tra le uve"* in quanto in Langa era la prima uva ed essere vendemmiata.

GAVI

Zona di produzione: Bosio, Capriata d'Orba, Carrosio, Francavilla Bisio, Gavi, Novi Ligure, Parodi, Pasturana, S. Cristoforo, Serravalle Scrivia, Tassarolo.
Vitigno: Cortese.
Colore: paglierino tenue.
Profumo: fine e delicato.
Sapore: asciutto e pieno.

Nel territorio montano tra Novi Ligure e Serravalle Scrivia ed i rilievi appenninici, l'estremo meridione del Piemonte, nasce il vino "Gavi". Un vino dalla storia antica, prodotto esclusivamente con l'uva del vitigno cortese.

Di questo vitigno, e conseguentemente del suo vino, benché di origini molto antiche, si hanno però notizie risalenti soltanto a pochi secoli addietro.

La prima descrizione dettagliata del Cortese di Gavi si trova solo nella ampelografia dei vitigni coltivati in territorio piemontese compiuta dal Conte Nuvolone, vicedirettore della Società Agraria di Torino, pubblicata nel 1798, dove l'uva Cortese viene così descritta: *"ha grappoli alquanto lunghetti, acini piuttosto*

grossi, quando è matura diviene gialla ed è buona da mangiare, fa buon vino, è abbondante e si conserva".
Il suo nome deriva dal più importante comune inserito nella zona di produzione: Gavi, in provincia di Alessandria.

I VINI AMABILI BIANCHI O PASSITI

MOSCATO d'ASTI

Zona di produzione: Astigiano, Acquese, Langa lato Astigiano

Vitigno: Moscato.

Colore: paglierino intenso.

Profumo: fortemente fragrante.

Sapore: dolce ed aromatico.

Il Moscato ha origini antichissime, tant'è che viene espressamente citato negli statuti di Canelli del 1200.

Secondo alcuni studiosi, tuttavia, il Moscato come lo conosciamo oggi (dolce) sarebbe stato prodotto soltanto a partire dal 1500-1600, quando aumentò la richiesta per i vini dolci. Sino a questa data veniva, infatti, vinificato secco.

Il vitigno Moscato, vitigno aromatico per eccellenza e da sempre ritenuto "nobile", ha le sue origini probabilmente nell'antica Etruria e fu molto apprezzato dai Romani, che lo portarono sia in Piemonte che in Francia, ove risulta il più antico vitigno tutt'ora coltivato, e Spagna.

Egual presenza di questo straordinario vitigno si ebbe anche in Germania, ove si cita di un vitigno dalle uve aromatiche, noto con il nome di Muskateller, presente sin dal 1100 ed ora scomparso.

Fino a pochi anni or sono, il Moscato, con autorizzazione del vescovo e sotto formale e solenne giuramento di fedeltà agli ordini episcopali reso dal produttore, veniva arricchito con puro alcol di vino e serviva come vino da messa.

E', inoltre, il vino con cui si produce l'Asti Spumante. Il suo nome deriva dal latino *"muscum"*, che era un'essenza prodotta da una ghiandola dei cervi, un tempo molto usata come base per i profumi, dall'odore similare a quello di questo vino, mentre il vitigno veniva chiamato *"uve apianae"*, ossia "uva delle api", stante la notevole presenza di api tra le vigne quando matura.

Ultimamente è nato anche un Moscato d'Asti passito, che si affianca al preesistente Loazzolo.

LOAZZOLO - Passito

Zona di produzione: Loazzolo

Vitigno: Moscato.

Colore: giallo dorato brillante.

Profumo: intenso, con sentore di vaniglia, muschio e frutta candita.

Sapore: dolce, caratteristico con aroma di Moscato.

Invecchiamento minimo: due anni a partire dal 1 gennaio dopo la vendemmia.

E' un vino bianco passito recente (fine 1900), prodotto con uve Moscato vendemmiate tardivamente.

Prende il nome dal comune di produzione: Loazzolo, un piccolo paese (300 abitanti) della provincia di Asti, posizionato sulle colline verso la Liguria.

PASSITO DI CALUSO - Passito

Zona di produzione: Caluso e i comuni della Serra di Ivrea a cavallo tra Torino e Biella.

Vitigno: Erbaluce.

Colore: giallo oro, più scuro e tendente all'ambrato con l'invecchiamento.

Profumo: delicato e persistente, con sentore di muschio.

Sapore: dolce ed armonico, tende al vellutato con forte retrogusto.

Invecchiamento minimo: quattro anni a partire dal 1 novembre dopo la vendemmia.

Ha origini antichissime, in quanto prodotto a partire dai primi secoli dopo il 1000, sull'onda della passione per il "vino greco", ricco di alcol, dolce e fortemente aromatico. Una particolarità di questo splendido passito è la sua capacità di invecchiamento: anche più di 50 anni.

Prende il nome dalla zona di produzione: Caluso.

GLI SPUMANTI

ALTA LANGA

Zona di produzione: aree collinari delle provincie di Cuneo, Asti ed Alessandria, a ridosso delle Alpi Marittime.

Vitigno: uve Pinot Nero e Chardonnay, in purezza o insieme in percentuale variabile

Colore: da giallo paglierino a oro intenso

Profumo: dal pompelmo alle spezie

Sapore: ricorda la frutta bianca e gli agrumi, con sentori di crosta di pane. Al palato è armonico e caratterizzato da una delicata sapidità.

L'Alta Langa Docg è l'eccellenza piemontese (e non solo) della spumantizzazione.

Uno spumante dalla produzione contenuta, con una storia molto lunga: fu il primo metodo classico a essere prodotto in Italia, fin dalla metà dell'Ottocento, nelle *"Cattedrali Sotterranee"* oggi riconosciute Patrimonio dell'Umanità Unesco.

Può essere bianco o rosé, brut o pas dosé ed è esclusivamente millesimato, riporta cioè sempre in etichetta l'anno della vendemmia, in quanto è spumante da invecchiamento (minimo 30 mesi), che ha lunghissimi tempi di affinamento sui lieviti, come previsto dal rigido disciplinare di riferimento.

ASTI SPUMANTE

Zona di produzione: Astigiano, Acquese, Langa lato Astigiano

Vitigno: Moscato.

Colore: dorato tenue.

Profumo: intenso con le flagranze del moscato.

Sapore: dolce ed aromatico, con spuma persistente.

E' il più diffuso spumante dolce al mondo, vanto delle colline dell'Astigiano e del Monferrato; la cui produzione viene esportata per circa l'80%, in particolare in Germania e Stati Uniti.

Ottenuto dalle uve Moscato d'Asti, ha un indimenticabile profumo delicato ed un altrettanto indimenticabile sapore aromatico. Il suo minimo contenuto alcolico, lo rende vino destinato a tutti ed a tutte le età.

La sua lavorazione è ormai storia dell'enologia.

A Canelli, verso il 1860, Carlo Gancia, il padre dello spumante dolce, riuscì ad adattare, riuscendo a bloccare la fermentazione all'interno della bottiglia in modo da non trasformare in secco lo spumante, il metodo champenois, usato per lo Champagne, al Moscato dolce del Piemonte, producendo quindi questo splendido prodotto.

SPUMANTI SECCHI PIEMONTESI

Il Piemonte, regione ove il vino è per definizione rosso, ha scarsa produzione di spumanti secchi, propri della spumantizzazione dei vini bianchi. Ciò non toglie, comunque, che vi siano vari ed eccellenti spumanti brut anche in Piemonte, che si affiancano allo spumante da invecchiamento Alta Langa.

In particolare, nel secolo scorso, un grande contributo alla produzione di spumante fu datata da alcune grosse aziende, quali Gancia, Contratto, Riccadonna, Cinzano, Martini e Rossi, le cui "riserve speciali" furono note ed apprezzate in tutta Italia ed anche all'estero, quale, ad esempio, la "Riserva Montelera" della Martini e Rossi, la nota azienda del Vermouth.

Oggi molte aziende producono, in particolare con l'Erbaluce e il Gavi, degli ottimi spumanti secchi, così

Come, in Langa, non è infrequente che spumanti secchi vengano prodotti con lo Chardonnet.

La produzione di spumante piemontese, essendo tendenzialmente di qualità elevata, è quasi univocamente basata sul metodo "Champenois ", che prevede la rifermentazione del vino da spumantizzare direttamente in bottiglia, nonché la sua successiva maturazione insieme ai suoi residui, per dargli maggior corpo e sapore. Questi residui vengono eliminati solo in un secondo tempo, anziché subito come invece previsto con il metodo di spumantizzazione "Charmat", proprio della fermentazione veloce ed in vasca.

Lo spumante piemontese, così come quello francese, da cui nasce il metodo "Champenois", viene quindi prodotto con un vino che, dopo le prime fondamentali "sgrossature", viene direttamente messo nelle tipiche bottiglie.

Queste bottiglie vengono vanno quindi a riposarsi per un certo periodo, da pochi mesi sino anche a tre anni, in locali freschi e senza luce solare diretta.

Maggiore è la stagionatura, maggiore sarà la qualità dello spumante ottenuto.

AI termine di questa periodo di stagionatura, le bottiglie vengono sottoposte al *"remuage"*, ovvero vengono un po 'per volta capovolte, per far depositare tutti i fondi sul tappo, inclinandole quasi verticalmente e ruotandole periodicamente nei "*pupitres*", cavalletti di legno formati da tavole inclinate e piene di buchi, studiati apposta per questa operazione.

Oggi, i vecchi e storici "*pupitres*" in legno, sono per lo più sostituiti da tecnologiche gabbie metalliche.

Quando il "*remuage*" ha fatto depositare tutto il residuo sul tappo, lasciando limpido il vino, si provvede a ghiacciare il collo della bottiglia con specifici congelatori.

Con il collo ghiacciato, la bottiglia viene capovolta e stappata; all'apertura del tappo, la pressione dello spumante espelle il blocco di ghiaccio che contiene i fondi e lascia la bottiglia pronta ad essere definitivamente chiusa con il tappo finale in sughero.

Un tempo, quando non esistevano i congelatori, questo lavoro veniva fatto da espertissimi cantinieri, in grado di aprire la bottiglia capovolta facendo solo fuoriuscire quel pochissimo vino torbido contenuto nel collo.

La bottiglia veniva poi riboccata e tappata definitivamente.

ALTRO BERE...
comunque sempre piemontese

LE GRAPPE

Produrre la Grappa è un procedimento complesso, che inizia nella vigna e finisce dal becco in rame dell'alambicco, che ancor oggi molti piccoli distillatori sanno mettere in atto e, dire Grappa, è dire Piemonte o Veneto.

Da secoli la Grappa, in Piemonte chiamata "*Branda*", è sinonimo di momento di allegria di fine giornata, di strumento per combattere il freddo della montagna o della campagna nei lunghi inverni, di digestione di un lauto e buon pasto, di festa con gli amici...

Impossibile alzarsi dal tavolo senza quel buon sapore di Grappa sul palato; farlo è perdere un piacere, è sminuire la storia enogastronomica piemontese. Così come è irrinunciabile provare l'armonia di gusto propria del *"grigioverde"*, un bicchiere di grappa corretta con la menta (rigorosamente di Pancalieri), che un tempo si consumava nelle osterie piemontesi.

La Tradizione Piemontese vuole la grappa rigorosamente prodotta distillando *"a fiamma"* e non a bagno maria. In Piemonte la Grappa si fa ponendo le vinacce (i residui della diraspatura dell'uva e della fermentazione del vino) dentro l'alambicco, su una griglia sopraelevata per evitare che si surriscaldino non uniformemente, quindi distillandole con due passaggi, per avere il solo e vero cuore della grappa.

L'alcool evapora ad una gradazione di 70% centigradi, a differenza dell'acqua che deve raggiungere la temperatura di 100° centigradi, e, questa caratteristica, permette di ottenere, riscaldando la vinaccia e portandola alla temperatura adeguata, una prima separazione dei due prodotti (acqua e alcol). Però il liquido così ottenuto risulta formato da vari tipi di alcol, di cui alcuni non buoni o addirittura nocivi.

Si procede a questo punto alla ridistillazione del liquido ottenuto, controllando rigorosamente la temperatura, onde eliminare tutto ciò che viene ottenuto prima del raggiungimento dei 79° e ciò che si ottiene superati i 95°.

Sotto i 79°, infatti, si ha l'alcool metilico (nocivo), detto testa, tra i 79° ed i 95° si ha l'alcol etilico (ottimo) detto cuore, oltre i 95° si hanno vari alcol più pesanti, oltre ad aldeidi ed esteri grevi (non buoni).

Il cuore è circa un terzo di quanto distillato, che poi verrà diluito con acqua distillata per esser portato alla gradazione alcolica voluta, tra un minimo di 40 ed un massimo di 55 gradi.

La storia della Grappa è storia antica di cui non sia ha notizia certa dell'inizio.

La leggenda popolare ci porta al I secolo a.C., quando un legionario romano ottenne da Cesare, quale ricompensa, un vigneto in Friuli.

Questo legionario, che era stato in Egitto al seguito delle legioni di Cesare, pare avesse ivi trafugato un impianto di distillazione denominato "*Crisiopea di Cleopatra*" e con questo avesse iniziato a produrre il primo distillato di vinaccia.

Ma la leggenda è assolutamente fallace... la *Crisiopea di Cleopatra l'Alchimista* risale al I secolo d.C. ed era certamente inadatta alla distillazione di bevande alcoliche, fu infatti il primo alambicco di sempre, inventato da tal Cleopatra alchimista dell'Antico Egitto, per distillare l'oro, e venne così chiamato dal termine greco "chrysos", oro, e "poirò", fare.

La storia vera ci porta, invece, alla Scuola Salernitana di Medicina che, intorno all'anno Mille, codificò le regole della concentrazione dell'alcol attraverso la distillazione e ne prescrisse l'impiego per svariate patologie umane. Da questi studi, verso il 1200, prende origine la tecnica della distillazione di bevande alcoliche.

Sino al 1700, la distillazione delle vinacce era tecnica pressoché comune in tutta Europa, tutti seguivano le regole dettate dai Gesuiti, in Spagna con Miguel Agusti, in Germania con Atanasio Kircher e in Italia con Francesco Terzi Lana, mentre, a partire dal 1800, si diversificò moltissimo.

Il cambiamento si ebbe con l'invenzione della colonna di distillazione, uno strumento già sommariamente ideato dall'astrologo e mago Gian Battista Porta nel 1600 ma messo a punto dal fiorentino Baglioni solo nel 1813, che consentiva a liquidi alcolici di essere concentrati in acquavite mediante una sola distillazione, operando però su fermentati liquidi o non su sostanze solide come sono le vinacce.

In tutta Europa si optò quindi per la distillazione non più delle solide vinacce, ma del liquido vino, come ancor oggi avviene per Brandy, Armagnac e Cognac.

In Italia si continuò invece a distillare direttamente, secondo l'antica tecnica della doppia distillazione, le bucce degli acini d'uva ed i raspi separati dal mosto o dal vino al termine della fermentazione, mantenendo un'acquavite di forte caratterizzazione organolettica, l'attuale e storica Grappa.

Il suo nome, che molti erroneamente pensano derivi dal Monte Grappa, ove era ed è molto praticata la distillazione, ha invece precise radici regionali di pedemonte e triveneto.

In Piemonte era detta *"Branda"*, dal nome del contenitore in legno con cui venivano portate le vinacce dalla cantina del vino al distillatore. In Veneto *"Sgnapa"* e *"Graspa"*.

In epoca moderna, 1800-1900, per necessità commerciale, si è adatto all'italiano il nome Veneto di *"Graspa"*, arrivando al termine odierno di Grappa, anche in virtù del fatto che, mentre in Piemonte la distillazione era propria di moltissime piccole distillerie, in Veneto erano già nate, in quell'epoca, gradi distillerie votate al commercio non solo locale.

Ed, in ultimo, un accenno alle tradizioni grappaiole squisitamente locali.

Nelle montagne del Canavese e della Valle di Lanzo vi è l'antica usanza, importata dalla Valle d'Aosta, di diluire la grappa con acqua in cui viene sciolto del miele, onde dare al prodotto finale più morbidezza ed il profumo di miele. Altra Tradizione piemontese era ed è l'aromatizzazione delle grappe, come si diceva un tempo: "per far digerire". L'aromatizzazione avviene con le numerose erbe, spesso medicamentali, di cui la montagna e le coline piemontesi sono ricche, messe in infusione nella grappa per circa 30 giorni.

Un consiglio: la Grappa deve essere bevuta a temperatura non inferiore a 20 gradi e mettere il ghiaccio nel bicchiere, o miscelarla con altri liquidi, è atto sacrilego!

I LIQUORI d'ERBE

In una regione ricca di montagne come il Piemonte, e quindi di flora, non può certo mancare una grande Tradizione di liquori fatti con le erbe.

La liquoristica, che è tecnica antichissima risalente a migliaia di anni prima di Cristo, in particolare nel mondo egiziano ove venne codificata in ambito medico, è sempre stata pratica propria di ogni singola famiglia.

Essendo ben più semplice produrre un liquore che un distillato, in quanto per fare un liquore occorre esclusivamente far macerare delle erbe nel vino o nell'alcol puro, ogni famiglia aveva le sue ricette per prepararlo.

A questa pratica famigliare, si unì, nel Medioevo, quella ben più ricercata e scientifica dei monasteri, ove era prassi il realizzare liquori con le erbe dalle proprietà medicamentali (si noti che, in quel periodo, la medicina ufficiale era gestita dai frati), e quella delle così dette "erbarie", donne esperte di erboristica che vivevano ai margini della società e si dedicavano alla preparazione di medicamenti "non ufficiali", tant'è che non era rara, per loro, l'accusa di eresia e, purtroppo, il rogo.

Da questa antichissima Tradizione si sono, comunque, tramandate a noi svariate ricette di amari, da quelli con presunte o reali virtù farmaco logiche dei monasteri a quelli di puro liquore senza ambizioni medicamentali; ricette che ancora oggi vengono utilizzate nella ricchissima e varia liquoristica del Piemonte.

Si va dal generico "Amaro di Erbe" in basa vino (di gradazione tra i 10 ed i 15 gradi) o in base alcol (di gradazione tra i 25 ed i 50 gradi), sino ai classici Genepy, prodotti con le sole piante "maschio" raccolte tra le rocce oltre i 2000 metri di altitudine, Arquebuse, Rabarbaro, Genzianella, Genziana, Ginepro, Assenzio o a base di frutta o elaborati in vino piemontese con essenza "straniere", quali la china, il coriandolo, il chiodo di garofano, la cannella. Non vi è che l'imbarazzo della scelta, tutti i palati possono trovare il sapore cercato.

Un frutto dell'antica Tradizione Piemontese, in questo settore, sono i vini aromatizzati, ove il vino base resta come sapore principale. Su tutti lo splendido Barolo Chinato, figlio di una Tradizione del 1800 che univa il Barolo alla china, o il Vermouth, famoso nel mondo ed aperitivo per eccellenza, che venne inventato da Carpano, a Torino, in via Maria Vittoria angolo via Lagrange.

Un discorso a parte merita poi l'ottocentesco Femet, sicuramente uno dei digestivi più noti al mondo, che secondo alcuni deve al Piemonte ed alla "Martini e Rossi" le sue origini, anche se non mancano quelli che lo ascriverebbero ad un fantomatico erborista svedese, "inventato" dal capostipite della famiglia liquoristica Branca di Milano, "per dare valenza e peso commerciale" ad un amaro da lui realizzato.

Digestivo eccezionale, quasi un farmaco, è da sempre bevuto sia liscio a temperatura ambiente che fresco con l'aggiunta di sciroppo di "menta", di cui il paese di Pancalieri, vicino a Pinerolo, è capitale indiscussa.

LE BIRRE

Nel 1800, e sino agli albori del 1900, era diffuso in Torino brindare alla costituzione di sodalizi incocciando i boccali pieno di birra riempiti dalla botte, in quanto, anche se poco noto, il Piemonte ha un'antichissima Tradizione nella produzione della Birra.

Basti pensare che, la sola Torino, all'inizio del novecento, contava ben 23 birrerie di mescita, tra cui la prestigiosa Birreria Vogts di piazza Solferino (oggi Bar Norman), e 7 aziende produttrici.

Da alcuni anni, questa Tradizione ha ripreso forza e vigore ed oggi, per lo più per merito di giovani, il Piemonte conta svariate aziendine artigianali che producono Birre di altissima qualità. Si tratta, in massima parte, delle così dette Birre Crude, che si affiancano alla ben più consistente azienda produttrice di Biella (Birra Menabrea), negli anni premiata ai più importanti concorsi birrai del mondo.

Per gli appassionati di birre, il Piemonte è il luogo giusto dove scatenarsi alla ricerca di quei sapori di nicchia propri dei piccoli birrifici artigianali, produttori di birre che arrivano anche agli 8-10 gradi alcolici.

Mai in concorrenza con il vino, la Birra, in Piemonte, non è mai stata un prodotto da consumare durante il pasto, ma sempre un mero fuoripasto da gustare con gli amici o una bevanda per dissetarsi nel caldo estivo.

RINGRAZIAMENTI

Un ringraziamento finale è dovuto a tutti quei piccoli produttori locali che, innamorati del proprio prodotto e non del facile guadagno, continuano con passione e coraggio a lavorare secondo l'insegnamento antico, regalandoci sapori che l'industria e la conseguente logica del puro profitto ha ucciso.

Il loro merito è doppio. Da un lato ci consentono di continuare a vivere il vero e genuino piacere "del mangiare", d'altro lato si ergono a sentinelle di una storia ed una cultura che, altrimenti, le generazioni future mai avrebbero potuto conoscere.

Sono i tanti piccoli sconosciuti fanti "pistapauta" che combattono contro un esercito fatto di potenti generali, oggi chiamati top manager e lobbistiche congreghe, mungendo ogni giorno la vacca, impastando a mano il formaggio, lavorando la vigna, coltivando il campo dietro la cascina...

Ebbene, mai nessun generale ha vinto una guerra, le guerre le hanno sempre vinte i piccoli e sconosciuti fanti pistapauta ...

Un ulteriore ringraziamento è poi dovuto a tutti coloro che, attraverso associazioni, fondazioni, e confraternite, dedicano il loro tempo a sostegno di questi piccoli produttori locali, a partire dalla ormai planetaria Slow Food, per arrivare alle tante minori associazioni volontaristiche di settore, senza dimenticare l'importante ruolo di salvaguardia delle tradizioni enogastronomiche che seri imprenditori commerciali hanno ultimamente intrapreso.

Dal cibo che mettiamo in corpo si genera la nostra carne ed il nostro sangue; il cibo siamo quindi noi, è la nostra carnalità... una carnalità che deve tutto a quei piccoli fanti, da anni dileggiati come poveri barot, che dopo decenni di totale oscurantismo oggi non sono più soli a combattere, non sono più mera carne da cannone facilmente massacrabili dalle corazzate della ricca industria del finto sapore e del transgenico... rese potenti dal denaro di coloro che privilegiano l'acquisto di un inutile vestito modaiolo ad una buon pasto, ad una buona bottiglia...

Mersì... a vojaotri, cit piastapauta, duvuma tanta riconossensa!

Non può poi mancare un grande ringraziamento a chi mi ha allevato nella cultura del vino e del buon cibo e qui, ovviamente, mi riferisco al mia mamma Alice, grande cuoca, e a mio papà Franco, enologo diplomato alla prestigiosa scuola enologica di Alba.

In ultimo, ma solo per fatto di consecutio temporum enogastronica, un enorme grazie a mia moglie, vera protagonista di un cucinare massimamente rispettoso di sapori e tradizioni, quei sapori che lei privilegia, rifiutando di accodarsi alla sempre più folta schiera di coloro che ritengono il mangiare solo una necessità per sopravvivere.

INDICE PARTE PRIMA
LA TAVOLA

INDICE PARTE SECONDA
LA CANTINA

Finito di ristampare
Novembre 2022